综合实践活动课程的新时代建构

总主编　成尚荣　张　华　柳夕浪

数字时代的创造性学习

——创客教育实践

谢作如　刘正云　张敬云　著

河北出版传媒集团

河北教育出版社

图书在版编目（CIP）数据

数字时代的创造性学习. 创客教育实践 / 谢作如，刘正云，张敬云著. -- 石家庄：河北教育出版社，2021.4

（综合实践活动课程的新时代建构）

ISBN 978-7-5545-5551-4

Ⅰ. ①数… Ⅱ. ①谢… ②刘… ③张… Ⅲ. ①学习方法②创造教育－教育实践 Ⅳ. ①G442②G40-012

中国版本图书馆CIP数据核字(2019)第267901号

数字时代的创造性学习——创客教育实践

SHUZI SHIDAI DE CHUANGZAOXING XUEXI——CHUANGKE JIAOYU SHIJIAN

作　　者　谢作如　刘正云　张敬云

出 版 人　董素山
策　　划　张　辉　何春雅
特约编辑　高力夫
责任编辑　王宏图
装帧设计　于　越
出版发行　河北出版传媒集团
　　　　　河北教育出版社　http://www.hbep.com
　　　　　（石家庄市联盟路705号，050061）
排　　版　河北九易数字技术有限公司
印　　刷　石家庄联创博美印刷有限公司
开　　本　787 mm × 1092 mm　1/16
印　　张　16.5
字　　数　200千字
版　　次　2021年4月第1版
印　　次　2021年4月第1次印刷
书　　号　ISBN 978-7-5545-5551-4
定　　价　35.00元

综合实践活动课程的新时代建构

提升综合课程品质，增强学生综合素质

习近平总书记在全国教育大会上，非常鲜明地指出，“培养什么人，是教育的首要问题”。立德树人是教育的根本任务，也是教育现代化的方向目标，同时要求在“增强综合素质”等六个方面下功夫，培养学生的综合能力和创新思维。

立德树人的根本任务一定要落实在课程建设中，增强综合素质的要求一定要落实在教学活动中。2017 年，教育部颁布了《中小学综合实践活动课程指导纲要》(以下简称《指导纲要》)，其目的就是要引导学生从个体生活、社会生活及其与大自然的接触中获得丰富的实践经验，形成并逐步提升对自然、社会和自我之内在联系的整体认知，具有价值体认、责任担当、问题解决、创意物化等方面的意识和能力，着力培养学生的跨学科综合素质。全国教育大会上习总书记的重要讲话，让我们更深入地思考学生综合素质的培养问题；再次审视《指导纲要》，我们应当将《指导纲要》置于教育改革发展的宏大背景下，置于落实立德树人的根本任务之中。通过认真学习和深入讨论，我们以习总书记在全国教育大会上的重要讲话为纲，对《指导纲要》

进行了深入具体的解读，在解读中进一步提升了对综合实践活动课程的价值愿景和目标的认识。我们认为应当从理论和实践相结合的角度，帮助教师提高对综合实践活动课程的理性认识，提高综合实践活动课程设计和组织实施的能力，从而全面提升综合实践活动课程的品质，增强学生的综合素质。为此，我们决定组织编写一套关于中小学综合实践活动课程的指导丛书。

值得重视的是，习总书记在讲话中，进一步明确了党和国家的教育方针，提出要努力培养德智体美劳全面发展的社会主义建设者和接班人，并强调“要在学生中弘扬劳动精神，教育引导学生崇尚劳动、尊重劳动，懂得劳动最光荣、劳动最崇高、劳动最伟大、劳动最美丽的道理，长大后能够辛勤劳动、诚实劳动、创造性劳动”。2020 年 3 月 20 日，中共中央、国务院发布《关于全面加强新时代大中小学劳动教育的意见》(以下简称《意见》)，对新时代劳动教育做了顶层设计和全面部署，明确提出要充分发挥劳动的综合育人价值。劳动教育已是教育方针的重要组成部分，已纳入德智体美劳全面发展的教育体系和更高水平的人才培养体系中。2020 年 7 月 7 日，教育部印发了《大中小学劳动教育指导纲要（试行）》，明确规定将劳动教育纳入大中小学必修课程，以全面提高学生劳动素养，使学生树立正确的劳动观念，具有必备的劳动能力，培育积极的劳动精神，养成良好的劳动习惯和品质。无疑，劳动教育必须落实在课程中。

当然，《指导纲要》对劳动教育的目标、要求和内容等有明确具体的要求，《意见》发布后，我们还必须从教育方针的高度，对劳动教育进一步增强、充实，提升其意义。为此，丛书还要通过对《指导纲要》的解读，进一步将综合实践活动与劳动教育结合起来，以劳动教育为重点，凸显劳动教育的统领性。这样，指导用书的方向更鲜明，关系更明晰，更具时代感。

加强劳动教育与综合实践活动，培养学生的综合素质，是国际基础教育课程改革的共同走向。我们必须有更开放的胸怀，更宽阔的视野，尊重和吸纳国际课程改革的理论与经验，丰富自己。与此同时，我们又必须将劳动教育与综合实践活动课程的设计、实施、资源开发等，深植于中华传统文化中，扎根中国大地，体现新时代中国特色和中国经验，丛书名称中的“新时代建构”体现的正是这一价值定位和追求。

综合实践活动是落实立德树人根本任务的课程形态、具体途径和实现方式，丛书的根本目的是探索综合育人、实践育人、活动育人的规律和特点，其目标是指导教师创造性地落实《指导纲要》，以学生为主体，以变革学习方式为重点，培养学生的创新精神，增强想象力、实践力、创造力，让学生在综合实践活动中站立起来，为培养时代新人夯实基础。

从育人这一根本目的和任务出发，我们又确定了丛书编写的原则：既要提升认识，又要指导实践，两者要结合好、融通好，而且要解读准，说得明，指导得具体、切实；既要整体设计，又要突出重点，整体设计在于有框架意识、宏观思维，突出重点在于让教师把握要点，以求突破，形成特色；既要指导中小学教师设计、开展综合实践活动，又要有利于教研、科研等方面的专家拓展理论视野。根据编写宗旨与原则，丛书基本形成了科学、有用、亲切、有趣等特色。

为了达到预期的效果，编委会邀请张华、柳夕浪等知名专家、学者担纲，以提升丛书的权威性、科学性，搭建一个更高的平台，在更高层次、更大范围内进行对话。丛书共有十册，分别为：《〈中小学综合实践活动课程指导纲要〉解读——44个问答》，柳夕浪主编；《综合实践活动课程的国际视野》，张华著；《综合实践活动课程的理论视野》，张紫屏著；《考察探究与设计制作》，高振宇、包新中著；《社会服务与职业体验》，杨燕燕、仲建维著；《数字时代的创造性学习——创客教育理论》，钱旭鸯著；《数字时代的创造性学习——创客教育实践》，谢作如、刘正云、张敬云著；《综合实践活动课程的评价与管理》，戎庭伟、张馨月编著；《原来就在你身边——综合实践活动课程的资源开发》，张晓东、杨健主编；《创造一个分享的世界——综合实践活动课程案例集锦》，夏心军、成尚荣主编。

非常感谢河北教育出版社领导和编辑的重视、支持和辛勤工作，他们的视野、创意、品质、作风值得我们学习。尤其要感谢张辉副总编辑、特约编辑高力夫、地方教材编辑室主任何春雅以及各册责任编辑，他们为本套丛书的出版付出了诸多辛劳。

综合实践活动课程是国家课程，对培养有理想、有本领、有担当的时代新人，让他们成为社会主义的建设者和接班人，有着重要的价值、意义，相信这套丛书对推进综合实践活动课程的实施，推动劳动教育，会发挥积极的作用。

2020年7月

目　录

第一章

我国创客教育实践

我国的创客教育发端于草根。21 世纪初，席卷全球的创客运动进入中国。来自中小学的老师和来自创客空间的创客们，在创客活动中发现其特有的教育价值，而有意无意地走到了一起，形成中国创客教育最初的一股力量。这些先行者将创客精神视为信仰，通过聚沙成塔般的努力，“一生二，二生三，三生万物”，最终迎来了创客教育的“引爆点”。

第一节 我国创客教育的起源

创客教育源自创客运动（Maker Movement），创客运动的源头在于开源运动（Open Source Movement），而我国创客教育的起源并不仅仅来自创客运动。通过追溯国内多位教育创客的一些文章和经历，可知我国的创客教育与创客运动、编程教学和 STEAM 教育有着千丝万缕的关系。

一、开源运动和创客运动

1998 年 1 月，网景公司（Netscape）将网络浏览器 Navigator 的源代码完全免费开放，“开源”一词开始正式出现。随后，“开放源代码促进会”（Open Source Initiative，简称 OSI）成立。这个组织以倡导和推广开源理念为己任，开启了一个开源运动的时代。

开源运动的核心在于开源文化。人类社会发展历程中的每一次重大理论突破和技术变革，都来自一代又一代人的知识沉淀，是迭代创新的过程。为了鼓励更多的人参与创造发明并愿意公开科研成果，人们设计了专利制度。但专利制度强调“技术公开、利益独享”，又影响了迭代创新的速度和质量。因而，在知识产权的保护和无偿公开之间，始终存在着两难的选择。这样的矛盾在计算机领域的发展中同样存在，很多程序员希望能继续自由地分享软件代码，而不是被大公司垄断。

开源运动鼓励人们开放源代码，大家自由选择、自由参与，自愿选择项目为之“添砖加瓦”，打破了软件开发由信息技术企业或专业人员所专有的传统。数十年来，开源运动的成果是显著的，我们熟悉的 Linux、安卓和 Python，都是开源软件的代表作。GitHub 是全球最大的开源社区，聚集了上千万的开源项目，成为全球程序员最重要的技术交流平台。开源软件的兴起带来了开源硬件的发展。在开源硬件的支持下，普通大众也可以开展“创造”活动，从单纯的产品消费者转变为产品创造者。这种非专业的创造者有一个共同的名字——“创客”，指那些酷爱科技、热衷实践、乐于分享，努力把各种创意转变为现实的人。

创客运动就是在全球范围内推广创客理念、培育创客文化、推动大众参与创客实践的一场创新运动。它包括了创新探索的精神、动手实践的文化、开放共享的理念，以及对技术的极致钻研和对美好生活的不懈追求。在全球创客运动之父、*Make*（中文名《爱上制作》）杂志和 Maker Faire（中文名“制汇节”）的创始人戴尔·多尔蒂（Dale Dougherty）看来，“创客运动已然成为一场社会运动，其中包含了各种类型的作品和形形色色的创客，它连接着过去，也改变着我们对未来的看法”。

随着创客运动的普及，创客理念越来越多地引起了教育者的思考和共鸣，并在全球掀起了将创客运动引入学校的热潮。例如，美国于 2009 年宣布启动一项“教育创新行动”，并于 2012 年在美国 1000 所学校引入创客空间（Maker Space）。在这一倡导的影响下，美国众多中小学校开始实施创客教育。由美国新媒体联盟发布的《2014 年地平线报告（高等教育版）》指出，在三到五年内，美国高校学生将从知识的消费者转换为创造者，而创客教育在这个转变中将起到重要的作用。

在我国，自 2011 年“创客”概念传入后，全国各地相继成立了创客空间，如上海新车间、北京创客空间、深圳柴火创客空间和上海蘑菇云等。英特尔、鸿海科技、联想等科技公司也陆续举办创客嘉年华、创客大赛等活动。同时，同济大学、清华大学、深圳大学和西南交通大学等高校的学生自发地建立各种形式的创客空间。2013 年，上海新车间和 DFRobot 共同举办上海创客嘉年华活动，一批来自中小学的老师参与活动并做《创客文化和 STEM 教育》主题演讲，拉开了创客教育的序幕。

二、编程教学和猫友汇

我国中小学的信息技术教育大致经历了计算机文化教育、计算机工具教育和信息技术教育这三大阶段。2003 年，教育部出台《普通高中信息技术课程标准（实验稿）》，但小学和初中阶段一直没有课程标准，如北上广和江浙等经济发展较快的地区，只能在综合实践活动或者地方课程中获得课时，开展信息技术教学。从教学内容上看，小学和初中的信息技术教学一般停留在办公软件基本操作和多媒体处理方面。

一些有想法的老师对当时的信息技术课程内容不满意，开始尝试在自己的信息技术课堂增加编程的内容。他们选择 LOGO 和 Alice，或者 VB 和 C++ 等高级编程语言，也有少数的老师选择 Python 和 Processing 进行教学。经过多年的尝试，他们在 2010 年左右发现了 Scratch 这一少儿编程语言。而几乎在同一时期，一些研究机器人竞赛的老师，也发现了 Arduino 这一开源硬件。

当一线教师借助于互联网寻求更多志同道合的伙伴的时候，国内一些媒体和创客也在关注大洋彼岸的创客运动。2010 年，无线电杂志社引进的 *Make* 杂志，为这批老师打开了一扇全新的窗户。越来越多的创客认识到青少年对编程学习的需求，开始用各种方式引进或者开发编程工具。如上海新车间的李大维和何琪辰开发了 ArduBlock，DFRobot 的创客开发了 Mind+，让 Arduino 能够以图形化的方式进行编程；自由职业人金从军和张路夫妇（金从军网名“老巫婆”）则汉化了 App Inventor，用图形化的方式编写安卓手机 App。

一般认为我国创客教育的萌芽开始于 2011 年 11 月份，即在杭州发起的一次信息技术教师的网友见面会上。那段时间，一帮喜欢开源软件 Scratch 和开源硬件 Arduino 的教师聚在一起，建了一个 QQ 群，推广创客文化，并为更多的老师答疑解惑。这个 QQ 群不断扩大，形成了一个全国最早、最大的创客教育教师社群。因为 Scratch 的默认编程角色是一只黄色的猫，他们就自称“猫友”，这个教师社群的名称就叫作“猫友汇”。

而这一切的发生，看起来很自然，但背后都有不同的故事。猫友汇的几位创始人，有意无意地走进到这一领域，彼此的原因都不一样。浙江省温州中学的谢作如老师是因为开发一门名为“互动媒体技术”的课程，找到了 Scratch 和 Arduino，进入跨学科学习领域；北京景山学校的吴俊杰老师是在梁森山（教育部教育装备研究与发展中心研究员）的支持下，通过信息技术实验研究 STEM 教育；而江苏常州的管雪沨老师则是为了解决小学信息技术课程的瓶颈问题，以趣味编程和趣味创造作为新的突破口。他们殊途同归，发现了创客运动的巨大教育价值，正好可以弥补当前教育的一些缺失。

三、跨学科学习与 STEAM 教育

我国的基础教育课程采用了典型的分科体系，是一种以知识点为核心的标准化的教学模式，效率很高但弊端也很明显。时任华东师范大学副校长的任友群认为问题有二：“一是缺乏整合性，使得学生所习得的知识处于高度碎片化状态，知识间的关系并不为学生所理解，知识的综合运用因此也就无从谈起了；二是缺乏现实性，使得学生所习得的知识在实际生活中长期处于‘休眠’状态，随着学习的深入，学生的困惑也会越来越深：知识和学习对‘我’而言究竟有什么意义。”[1]

正是基于这样的考虑，我国的基础教育课程方案中增加了综合实践活动课程。但因为缺乏相应的项目和课程，综合实践活动课程的实施步履维艰。创客的造物却天然具备了跨学科的特征，《爱上制作》杂志和 instructables（著名创客网站）上的创客作品，大都整合了多个学科的知识。原本彼此分离的学科知识，因为造物自然而然地融合在一起。参与

[1] 任友群、徐少权：《关于中国科技教育的对话：以 STEAM 教育提升中国科技创新的“耐力”》，金凯、吴旻瑜文字整理，《21 世纪经济报道》（数字报）2016 年 01 月 15 日 07 版，http://epaper.21jingji.com/html/2016-01/15/content_29245.htm。

创客活动的教师们在不知不觉中发现，自己已经走进了跨学科学习的领域。谢作如在他的一篇文章中这样表述：[1]

> 更为难得的是，Scratch 语言支持硬件（传感器、单片机）编程，在科学实验、数学建模、仿真模拟、艺术表达、创意设计等方面都具有很好的教学潜力。从趣味编程到趣味创造，这些教师在有意无意中走到了 STEM（科学、技术、工程学和数学）教育的潮流中去。而此时他们才发现，这样的课程正是最能体现技术价值，最受学生喜欢，也最能培养其创新能力的综合性课程。

2011 年左右，吴俊杰开始以“STEM”为关键词发表系列文章。2012 年，谢作如的论文《承载 STEM 教育的校本课程开发——以〈互动媒体技术〉为例》入选第二届 STEM 教育应用国际会议。柳栋、谢作如、吴俊杰等人认为创客活动中的项目不仅仅涉及科学、技术、工程和数学，还非常强调艺术的作用，因而提出“STEAM”的概念，这一观点和美国学者格雷特·亚克门（Georgette Yakman）几乎一致。他们在《中小学信息技术教育》上合作发表了一篇文章《STEM、STEAM 与可能的实践路线》。面对“STEAM”一词的由来，谢作如记录如下[2]：

> 为什么是 STEAM 而不是 STEM？谢作如和吴俊杰老师既是活动的主要发起人之一，也是国内最早研究 Scratch 和 Arduino，而开设软硬件相结合方面课程的一线教师。对于 STEAM 的提法，他们是经过认真思考的。因为艺术（Art）的加入，能使原来的 STEM 教育更加综合、丰富。世博会、展览馆中的常见互动媒体作品，以及互动

[1] 谢作如：《“虽然很困难，但我们都在努力”——“第一届中小学 STEAM 教育创新论坛”活动纪要》，《中国信息技术教育》2013 年第 10 期。

[2] 同上。

装置艺术作品，就是典型的 STEAM 项目。有趣的是，在此之前他们并不知道美国有学者曾经提出过 STEAM 这一概念。

2013 年 8 月，经过努力，由温州电教馆主办的第一届中小学 STEAM 教育创新论坛在温州中学召开。来自全国 13 个省市区的 80 多位教师代表齐聚一堂，探讨 Scratch 在全国各地的发展现状，STEAM 教育的模式、课程和支持方案。国内关注教育的知名创客，如李大维、叶琛、于欣龙、程晨和王建军等受邀参加了该论坛，并现场展示了一些创客教育的产品。

之后，第二届 STEAM 教育创新论坛在江苏常州举办；第三届开始由中国电子学会现代教育技术分会主办，在上海举办，并组织参观上海创客嘉年华活动。每一届的活动中，国内知名创客企业都会积极参与，发表演讲或者组织各种工作坊。从第四届开始，STEAM 教育创新论坛更名为“全国中小学 STEAM 教育大会”。这个由一线教师组织并发展起来的教研活动每年都能吸引数百名创客教师的现场参与，线上影响人次上万，已经成为国内创客教育、STEAM 教育的一个重要活动。

第二节　我国创客教育的发展

从国际大背景来看，创客教育是工业 4.0 和第三次工业革命所引发的需要。从国内背景来看，创客教育是国家对应试教育愈演愈烈的忧虑与人民对优质教育追求的结果。“一生二，二生三，三生万物”，立志要“柔软地改变教育”的创客教育吸引了越来越多的力量不断加入。几年后，创客教育，这个发端于民间、从边缘学科开始做起的教育名词，逐步进入中心，站在了舞台的中央，成为一个教育热词。

一、我国创客教育发展的三个阶段

梁森山在《中国创客教育蓝皮书（基础教育版）》一书中，回顾了我国创客教育的发展历程，并将创客教育的发展划分为准备期、探索期和发展期三个阶段。

（一）准备期（2010 — 2012）

2010 — 2012 年这三年被称为创客教育的准备期。在准备阶段，参与创客教育的老师并不清楚自己是一名创客，甚至不知道自己在做什么，从属于什么学科。他们自发地在教学中使用各种工具，或者利用各种工具进行教学，和学生一起创建社团，指导学生努力把创意变成现实。伴随着教育者这些自发的创客行为的产生，创客教育自然而然地发生了。

（二）探索期（2013 — 2014）

2013 年 8 月，在温州中学举办的首届中小学 STEAM 教育创新论坛活动是一个关键节点。这个论坛活动的最大亮点是邀请了国内几位关注教育的知名创客，介绍创客运动和开源硬件，建立了中小学教师和社会创客的对话平台。活动的成功举办标志着中国创客教育开始进入探索阶段。随后，谢作如和吴俊杰等人在国内各种创客活动中做演讲，媒体逐步接受了“创客教育”一词，如《中国教育报》（2014 年 9 月 23 日）以《“创客”：柔软地改变教育》为标题，整版报道了清华大学和 Intel 举办的“中美青年创客大赛”教育论坛，如图 1-2-1 所示。

（三）发展期（2015 — ）

2015 年 1 月，李克强总理访问深圳“柴火空间”，随后“创客”一词写入政府工作报告。从最初的草根探索到政府大力实施的大众创业、万众创新，创客运动开始进入国家战略层面，创客教育也进入大众的视野。1 月 31 日，《中国教育报》的专题报道《温州：创客空间里的梦想时光》被国内外媒体争相转发，“创客教育”引起热议。6 月 20 日，在深圳市南山区同乐学校，中国电子学会现代教育技术分会创客教育专家委员会正

中国教育报 | 新闻·深度　05

“创客”：柔软地改变教育

让想象落地的校园“创客”们

“创客”课程开发路在何方

创客运动

图 1-2-1 《中国教育报》2014 年的报道

式成立。同年 6 月，教育部《关于“十三五”期间全面深入推进教育信息化工作的指导意见（征求意见稿）》中加入了“创客教育”和“STEAM 教育”这两个教育名词，此后各方面的政策相继出现。2016 年 2 月，创客教育的“元宵定义”发布。至此，创客教育进入了发展期。

二、我国创客教育的政策支持

创客教育虽然发端于民间，但如果没有各种政策的支持，很难形成今天的规模。2015 年之后，国家各部委，省、市、区（县），相关政策不断推出，为我国中小学创客教育的发展提供了良好的环境。

（一）国家政策

创客教育面向未来的人才培养，其教育价值已逐步得到社会认可，并获得了国家政策层面的支持与推动。国务院层面主要集中在“双创”政策和发展人工智能的政策，教育部方面则体现在各种教育规划和课程标准上。

1. 政府的“双创”政策

“双创”指创新和创业，即“大众创业、万众创新”的简称。自 2015 年李克强总理做政府工作报告之后，各项相关政策密集出台。一年之内，国务院先后发布《国务院办公厅关于发展众创空间推进大众创新创业的指导意见》《国务院关于大力推进大众创业万众创新若干政策措施的意见》《关于加快构建大众创业万众创新支撑平台的指导意见》等文件，要求“加快构建众创空间”，“为广大创新创业者提供良好的工作空间、网络空间、社交空间和资源共享空间”，各地区、各部门应加大对众创、众包、众扶、众筹等创业创新活动的引导和支持力度，加强统筹协调，探索制度创新，完善政府服务，科学组织实施，鼓励先行先试，不断开创大众创业、万众创新的新局面。

2. 新一代人工智能发展规划

2017 年 7 月，国务院印发《新一代人工智能发展规划》（以下简称《规划》）。《规划》要求：“实施全民智能教育项目，在中小学阶段设置人工智能相关课程，逐步推广编程教育，鼓励社会力量参与寓教于乐的编程教学软件、游戏的开发和推广……支持开展人工智能竞赛，鼓励进行形式多样的人工智能科普创作。鼓励科学家参与人工智能科普。”

从表面上看，《规划》和创客教育没有直接关系，但创客追求新技术，人工智能一直是创客们最关心的前沿技术。人工智能教育的师资，也绝大多数集中在创客教育的师资上。创客教育这几年在编程教学方面积累下的经验，为人工智能发展的政策落地打下了很好的基础。

3. 教育信息化“十三五”规划

2015 年 9 月，教育部办公厅印发《关于“十三五”期间全面深入推进教育信息化工作的指导意见（征求意见稿）》。意见指出：

> 依托信息技术营造各学科的信息化教学环境，促进各学科教学内容和教学模式的改革，着力提升学生的信息素养、创新意识和创新

> 能力，促进学生的全面发展。推进信息技术在日常教学中的深入、广泛应用，有条件的地区要积极探索新技术手段在教学过程中的日常应用，有效利用信息技术推进“众创空间”建设，探索STEAM教育、创客教育等新教育模式，使学生具有较强的信息意识与创新意识，养成数字化学习习惯。

随后，教育部于2016年6月正式印发了《教育信息化“十三五”规划》的通知（教技〔2016〕2号），其中关于STEAM与创客教育的相关表述，完全保留了征求意见稿的表述。至此，孕育于全球化创客运动和创客文化、发端于草根民间、经历国家“双创”政策洗礼的“创客教育”一词正式进入官方话语体系。《教育信息化“十三五”规划》同时也为地方组织开展创客教育提供了政策依据。

4. 中小学综合实践活动课程指导纲要

2017年9月，教育部发布《中小学综合实践活动课程指导纲要》（以下简称《指导纲要》），指出学校要为综合实践活动的实施提供配套的硬件资源与耗材，并积极争取校外活动场所支持，建立课程资源的协调与共享机制，充分发挥实验室、专用教室及各类教学设施在综合实践活动课程实施过程中的作用，提高使用效益，避免资源闲置与浪费。有条件的学校可以建设专用活动室或实践基地，如创客空间等。

《指导纲要》第一次提出了“创意物化”这一目标，将“设计制作”作为综合实践活动的重要活动形式之一。为了更好地理解和落实综合实践活动的目标，《指导纲要》的附件中提供了一百五十多个推荐主题活动。其中“设计制作”方向的推荐主题涉及了开源硬件、编程、3D打印和物联网等领域，都是典型的创客活动。《指导纲要》的发布为创客教育正式进入国家课程体系、在基础教育阶段全面实施铺平了道路。

5. 普通高中课程方案和课程标准（2017年版）

2017年12月，教育部印发了《普通高中课程方案和课程标准（2017

年版)》(以下简称《新课标》)。在《新课标》中,在信息技术必修模块中加入了“数据与计算”和“信息系统与社会”,而且把“人工智能初步”和“开源硬件项目设计”列入了选修模块。《新课标》首次提出信息技术实验室的概念,并在信息技术学科单独设立了选择性必修“开源硬件项目设计”课程,指出基于开源硬件的项目设计与开发有益于激发学生创新的兴趣,培养学生动手实践的能力,同时也是在信息技术课程中实现 STEAM 教育的理想方法。创客教育以“开源硬件”的形式间接进入国家课程体系。

6. 全国中小学电脑制作活动中增加创客项目

2016 年年底,由中央电教馆发布的《第十七届全国中小学电脑制作活动指南》(以下简称《指南》)中,增加了“创客项目”,主题为“创意智造”。《指南》将“创客项目”确定为“指在电脑辅助下设计和创作的体现多学科综合应用和创客文化的作品”,对作品形态进行了界定,并提出如下要求:

> 作品应是一个通过电脑编程的智能产品,如趣味电子装置、互动多媒体、智能机器等。鼓励利用身边易获得的材料,也可以利用 3D 打印、传感器等实现创意。建议使用开源软硬件进行创作。本年度以“智能生活”为主题,作品应突出智能技术(如传感器、单片机、物联网等)给生活带来的便利和乐趣,体现作者对健康、舒适、便捷的智能生活的期望。

全国中小学电脑制作活动是教育部主办的全国性学生活动,也是影响力最大的一项官方学生赛事。这个活动主题是“探索与创新”,即鼓励广大中小学生结合学习与实践活动及生活实际,积极探索、勇于创新,运用信息技术手段设计、创作电脑作品,培养“发现问题、分析问题和解决问题”的能力。活动中增加了“创客项目”,对创客教育的推动起到了很大作用。

（二）省级政策

创客教育区域推进策略是创客教育得以发展和普及的基础，是促进教育公平、提升区域创新能力的根基。《教育信息化“十三五”规划》虽然鼓励有条件的地区积极探索 STEAM 教育和创客教育，但只是指出了工作方向，并没有给出具体的操作标准或规范；而各省的经济和教育的发展情况又各不相同，一线教师、基层教育工作者急需指导性更强、更可具体操作的文件政策。在这种情况下，部分省市根据当地的具体情况，发布了推动创客教育的省级文件，如表 1-2-1 所示。

表 1-2-1　部分省级创客教育政策摘要

省份	发布时间	文件名称	文件摘要
山东省	2017 年 3 月	山东省学校创客空间建设指导意见	要求 2018 年年底山东省所有学校都将建立学校创客空间，而创客教育、跨学科学习（STEAM 教育）等新兴教育模式将逐渐在学校普及
河南省	2017 年 4 月	河南省教育厅关于进一步推进中小学创客教育的通知	计划在全省范围内确定 100 所具有一定规模、成绩突出、特色鲜明的创客教育试点校
贵州省	2017 年 8 月	贵州省中小学创客空间建设指导意见（试行）	为贵州省中小学开展创客空间建设提供指导，引导师生广泛参与，以竞赛带培训，以竞赛促水平，逐步构建优质高效的创客教育生态体系

续表

省份	发布时间	文件名称	文件摘要
江苏省	2017 年 9 月	江苏省 STEM 教育项目学校建设指导意见（试行）	根据学校软硬件基础、师资力量、发展规划、经费投入等标准，遴选了一批 STEM 教育项目试点学校。文件明确指出，在课程内容的设计中要有意识地将艺术人文、社会历史等知识融入其中，培养学生的综合素养
浙江省	2017 年 12 月	浙江省教育厅办公室关于公布中小学 STEM 教育项目种子学校和培育学校名单的通知	确定一批 STEM 教育项目种子学校和 STEM 教育项目培育学校，推动“浙江－印州中小学课程平移项目”的深入实施，促进浙江省中小学校深化义务教育课程改革，创新人才培养模式，提高 STEM 教育质量和水平
四川省	2018 年 4 月	四川省教育厅关于进一步推进四川省中小学创客教育发展的通知	制定创客空间建设指南，建设省级创客教育试点学校，培养创客教育骨干教师，研发创客教育课程，开展创客教育活动，推动创客教育在全省中小学的全面普及，培育和形成具有四川特色的创新教育文化

（三）地市级政策

一般来说，地市级的政策在省级政策之后。但是我们了解到省级政策基本都在 2017 年之后，而温州、佛山、深圳和西安等城市则是在省级政策出台之前，就制定了创客教育相关的政策。这从另一个方面体现了创客教育具有“上下互动”的特点，即自上而下和自下而上兼而有之。

温州市在 2015 年 12 月出台的《关于加快推进中小学创客教育发展的指导意见》，是国内最早的一份从地级市层面区域推进创客教育的正式文件。文件中提出的“五个一”工程，对其他城市的政策研制提供了很好的借鉴。国内早期地级市的创客教育政策摘要如表 1-2-2 所示。

表 1-2-2 部分地级市创客教育政策摘要

地市名称	出台时间	文件名称	内容摘要
温州市	2015 年 12 月	温州市教育局关于印发加快推进中小学创客教育发展的指导意见的通知	提出了要以创客活动为平台，以课程改革为载体，多形式常态化开展创客教育，到 2020 年中小学校实现创客教育“五个一”工程，即每校开出一门创客课程、建设一个创客空间、聘任一位创客指导师、每年组织一次创客教育活动和每生每年完成一个创客作品
佛山市	2016 年 9 月	佛山市人民政府办公室关于印发佛山市教育事业发展“十三五”规划的通知	把“创建全国创新创客教育佛山模式”列为十项重大行动计划之一，通过实施创新创客教育行动计划，从师资、课程、活动、环境、研究、平台、评价七方面全面推进创新创客教育，逐步形成特色鲜明、体系完整、应用深入的全国创新创客教育的佛山模式，大力推进融合 STEAM 理念的创新教育
深圳市	2016 年 10 月	深圳市教育局关于印发深圳市中小学创客教育课程建设指南和深圳市中小学创客教育实践室建设指南（试行）的通知	提出加强中小学校创客教育，指导创客教育课程开发和实施，规范创客实践室建设，要求相关单位和学校结合实际，科学规划，统筹安排，认真实施

续表

地市名称	出台时间	文件名称	内容摘要
西安市	2016 年 11 月	西安市教育信息化五年行动计划（2016—2020 年）	对创新教育实践室和创客空间建设提出多项建议。要求根据学校特色，借助图形计算器、人机交互、传感感应、三维仿真、虚拟现实等技术，推进数学、智能机器人、科学探究、3D 智能等数字化创新实践室和创客空间建设，构建智能化、个性化、多元化的学习环境，拓展学生学习的广度和深度

三、我国创客教育和“虚谷计划”

在《新课标》发布前后，全国多家出版社已经开始组织力量编写高中教材。信息技术教材中如何选择开源硬件和软件，却是一道难题：因为高中信息技术教材几乎全部选择了 Python 作为编程语言，而作为开源硬件的代表 Arduino 既不支持 Python，也不支持网络访问（指不借助其他模块的前提下）。其他开源硬件中虽然有支持 MicroPython 的，如 micro:bit，但研发部门都在国外，国内教师得不到相应的技术支持，在教学方面的诉求得不到回应。这样，国产开源硬件和软件需求就显得尤为迫切。

经过一段时间的筹划后，一线创客教师联合高校专家、创客空间和创客企业，在 2018 年 9 月正式发起“虚谷计划”。“虚谷计划”取意“虚怀若谷，兼容并蓄”，是一个包含开源硬件、开源软件和开源课程的创客教育项目。“虚谷计划”的项目品牌使用权归属“虚谷计划”组委会，由“虚谷计划”组委会和相关企业共同研发，共同推广。

（一）“虚谷计划”中的主要项目

目前“虚谷计划”正在推进的项目主要有虚谷号、掌控板、乐造模块和虚谷物联等四大项目，分别联合了不同的创客企业进行研发，如表

1-2-3 所示。

表 1-2-3 “虚谷计划”中的四大项目

项目名称	简介
虚谷号	虚谷号是一款开源的迷你电脑，集成了高性能处理器和通用单片机芯片，内置多种通信和扩展接口，既可以作为一台完整的电脑使用，也可以作为一个微型的可编程智能终端，为人工智能教育而设计。虚谷号采用的是国内企业生产的芯片
掌控板	掌控板采用物联网芯片 ESP32，整合了常见的输入输出模块，如 OLED 屏幕、光敏传感器、声音传感器、加速度传感器、地磁传感器、RGB 灯和蜂鸣器等，支持 Wi-Fi 和蓝牙。因为模块的整合度高、价格低，所以尤其适用于大班教学
乐造模块	乐造模块是开源的激光切割图纸，利用激光切割技术加工的木质结构件，支持常见的电子模块，为创客教育与 STEAM 提供了低成本的结构件方案
虚谷物联	虚谷物联是一套物联网应用和教学的方案，利用可以部署在本地的 MQTT 服务器软件，结合掌控板、虚谷号等开源硬件搭建各种物联网应用，旨在推进中小学物联网技术的教学

（二）“虚谷计划”项目运营原则

“虚谷计划”的项目参考基金会的模式进行运营，其原则主要有如下几条：

一是“虚谷计划”的硬件项目采用 Solderpad 协议开源，文档采用 CC-BY 协议开源，软件采用 MIT 协议开源。

二是虚谷号、掌控板、乐造模块和虚谷物联等名称受国家商标法保护，不经允许和授权，不得随意使用。

三是鼓励周边企业研发“虚谷计划”各种项目的周边生态产品，如虚谷号和掌控板的扩展板、扩展模块或者教学套件。

（三）“虚谷计划”项目发展近况

2018 年 9 月，在长春举办的第六届全国 STEAM 教育大会上，掌控板正式发布。杭州的好好搭搭、上海的 DFRobot 和北师大的 Mixly 团队等，纷纷推出了支持掌控板编程的版本。随后，虚谷号、虚谷物联和乐造模块项目也逐步发布。

2019 年 1 月，中国电子学会现代教育技术分会和曼松德昭帕亚皇家师范大学孔子学院举办了首届中泰创客教育文化节，同年 7 月又举办了中泰青少年创客马拉松活动。这两次活动全部采用“虚谷计划”的四大子项目，虚谷号、掌控板得到了泰国师生和教育管理部门相关负责人的好评。

2019 年 3 月，“虚谷计划”组委会的谢作如和吴俊杰老师，受邀参加联合国教科文组织的“移动学习周”活动。他们在战略实验室环节，以《借助开源硬件推进中小学编程教育》为主题，介绍以虚谷号和掌控板为代表的中国开源硬件在编程教学方面的应用，得到众多外国嘉宾的关注和认同。

2019 年 7 月，在宁波杭州湾新区举办的第七届全国 STEAM 教育大会上，由谢作如主持发布《虚谷计划 2019 报告》。在报告现场，深圳希科普、深圳盛思、东莞雷宇和上海 DFRobot 等四家企业共同签订了“虚谷计划合作备忘录”。

2020 年 11 月，在宁波杭州湾新区举办的第八届全国 STEAM 教育大会上，由谢作如主持发布《虚谷计划 2020 报告》。报告中介绍了“虚谷计划”各项目的研发进展，重点展示了各子项目在农村学校的使用情况，以及在国际教育方面的输出情况。

“掌控生虚谷，创意当实现。”在“虚谷计划”的项目中，虽然虚谷号启动最早，但是掌控板因为技术成熟、准备充分却最早发布。掌控板一经发布就得到广大创客教师的支持，成为中小学创客空间中的必备开源硬件。国内多本中小学教材中采用了掌控板和虚谷号，虚谷物联项目则成为国内中小学开展物联网教学的必选方案。

（四）“虚谷计划”背后的故事

“虚谷计划”的发起，是偶然也是必然。目前，“虚谷计划”组委会成员既有一线创客教师，也有高校专家、教育管理部门的工作人员和企业高管，他们以一个完全开放的组织形态来运营这些非营利项目。在虚谷号的公众号中，第一篇推文介绍了“虚谷计划”背后的故事。

当开源硬件还是遥远国度里的传说时，在中国，就有一群人在不遗余力地推广开源硬件、传播开源精神，营造了当前生机勃勃的开源文化氛围。得益于他们的不断探索和坚持不懈，开源硬件和创客开始为教育界和全社会接受，越来越多的人为之吸引，加入创意十足、形式丰富的创客活动。然而，他们发现问题也随之而来：面对形形色色的硬件，学生该怎么选择？有些功能相近但开发过程迥异的开源硬件平台，教师又该如何指导？哪些硬件适合小学，哪些又适合中学？流行的开源硬件，无论是 Arduino、micro:bit 还是树莓派，在学校里普及和推广，都不可避免地面临这样的问题。

有这样一个小群体，在他们各自的领域中都不同程度地面临着上述的烦恼，于是他们开始思考……

谢作如，一位对写诗情有独钟的信息技术教师，少年时就埋下了“做收音机”的梦，在信息时代带领孩子们继续追梦，不小心把自己“玩”成了创客教育的名师。当他借落实《指导纲要》的机会，与全国的信息技术教师分享经验，并在更大范围推广中小学创客教育的时候，却对于如何选择合适的硬件器材陷入了困境。

吴俊杰，一位创客教育“布道师”，在中国第一次提出“创客教育”，影响了数以万计的一线教师和企业家。虽然常常在台上又跳又笑看上去颇不靠谱，但他却时刻记着“大国责任”和“中国气派”。

周茂华，教师中的创客达人，开发的中小学创客教育教具曾获得深圳市政府经费资助，指导学生多次参加中美青年创客大赛获得大奖，培养的学生创客曾被李克强总理接见。他一直期望设计一款真正属于中国的开源硬件。

管雪沨，一位来自一线学校的信息技术教研员，不甘心让信息技术课堂长期沦为“微软培训班”而努力去改变信息技术的教学现状，一直希望有一款更好用的开源硬件，以便让学生爱上编程。

梁森山，来自教育部下属专门研究教育装备的单位，曾经为了测试自己研发的装备产品而跑去一线学校义务上课的“行政领导”，很早就陪着这些一线的创客教师研究开源硬件，搭建各种平台，创建各种机会，被誉为创客教育方面的“扫地僧”。他在教育装备方面研究深入，很希望一线教师能用上自己参与设计的开源硬件。

樊磊，一位从小玩到老的高校教授，拆过的计算机、手机和其他设备（便宜的或昂贵的）难以计数，对计算机通识教育有浓厚兴趣，对学校计算机教育中的索然无趣和重软轻硬现象感到十分沮丧，情有独钟的是凌乱但充满拆装组合乐趣的工作间。偶然的机会使他涉足中小学信息技术教育，遇到了一群充满创客情怀和行动激情的年轻人。

刘军，一位在西北长大的汉子，曾经把教学用平板电脑做到极致的企业家，期望能在开源硬件教育方面做点工作。在了解到虚谷号的想法后，他果断决策予以全力支持，迅速召集几十人的研发团队并投入大量资源，成为虚谷项目从创意走向实施的重要支撑。

张志铭，一位来自著名高科技企业的优秀工程师，怀揣着用信息科技给教育插上飞翔翅膀的宏伟梦想。为了让开源硬件进入中小学课堂，他一直在不断尝试，对流行的开源硬件进行改进及创新设计。直到那一天，他和老师们谈到了虚谷号的需求，一手硬件设计的绝活终于可以充分发挥价值了。

余翀，一位做遥控器出身的企业家，从数字化实验室到 STEAM 教学器材，是国内最早研究创客教育的 CEO。虽然设计过很多教育产品，但是缺乏能够打动他自己的好产品。

……

虚谷号的故事源于一群充满活力的“伪”青年。2017 年 11 月，猫友汇的几位老会员在宝岛台湾参加创客活动期间，闲聊中吐槽现阶段流行的各种开源硬件，没有一种能将各种主要功能和特点兼容并蓄：

Arduino 简单易用但不支持 Python；树莓派虽支持 Python 但门槛又有点高；micro:bit 设想是要兼具两者特点，但后续的硬件生态匮乏。这种情况导致中小学教师在开展创客教育中，一定会面临没有合适硬件可选的窘境。

讨论中很快就浮现出一个简单而大胆的创意：既然没有合适的硬件可用，那我们为什么不自己做一个？

说到简单，首先是因为大家对这款“理想”开源硬件的期望并不高：技术门槛如 micro:bit 一样低，性能和成本上至少要优于树莓派，能够兼容大部分 Arduino 的项目。

其次，这是一个取长补短的新项目，是在继承现有开源硬件各方面优势的基础上演化发展而来，并非另起炉灶。取名“虚谷”的寓意就是这一项目理念：虚怀若谷，兼容并蓄，继往开来。

虽然想法简单，但着实够大胆！让一群创客和技术老师设计一种新的开源硬件谈何容易！想象一下，即使你对现有品牌的汽车性价比都不太满意，你会有多大可能尝试自己造一辆汽车？做一下预算估计就能了解，实施这样的项目至少需要数千万元的资金。

但奇迹还是发生了。随着一个又一个教育创客的加入，这个看似不可能完成的任务居然有条不紊地启动了！

为什么这样一个简单的想法没有早点儿实施呢？谈到这个问题，谢作如笑称，之前是“贫穷限制了我们的想象力”。当今的中国，拥有世界上最完善的电子加工产业链，同时也拥有最大数量的开源硬件用户，潜在用户更是数十倍于此。在开源硬件应用方面，大家也积累了足够多的资源和经验，硬件设计和生产的条件其实早就具备。

一旦意识到原来我们完全有条件重新设计一款新硬件，大家才思泉涌，方案不断快速迭代。从小学、初中、高中到职校，再到高校、科研单位，从简单创意编程环境到灵感乍现的创客作品，再到深刻复杂的人工智能实验，无一不是开源硬件大展身手的舞台。一种虚谷号硬件还远远不够，它也需要伴侣、资源和生态，还需要各种掌控板们的呵护扶持，于是是虚谷号正式升级为“虚谷计划”。

认同开源文化，是因为随着网络的发展和数字加工技术的平民化，技术创新的门槛不断降低，人人都应该有参与的机会，也有具备参与的条件，正所谓“大众创新、万众创业”。“虚谷计划”试图建立一种快速反应的创新网络，从教育出发，让学校、教师和学生成为创新的主动参与者。

众人拾柴火焰高。目前，“虚谷计划”已经汇集了国内最成熟也最先进的创客教育项目。“虚谷计划”的启动，标志着我国的创客教育进入新的发展阶段。

第二章

创客教育的技术支撑

创客教育是一个比较宽泛的概念，但造物（“Make”的中文翻译）显然是最重要的特征之一。正如马斯洛提出的“当手里只有一把锤子的时候，所有的问题看起来都是钉子”，学生只有不断掌握一些新的造物工具、数字化工具，才能有新的“设计”创意，“制作”出更多的“产品”。在这一章中，我们从开源硬件、编程平台、加工工具、设计工具和辅助工具这几个类别，分别介绍创客教育的支撑技术。

第一节 开源硬件

开源硬件（Open Source Hardware）被誉为创客手中的神器。这里的“硬件”指的是计算机硬件，是计算机系统中由电子、机械和光电元件等组成的各种物理装置的总称。开源硬件一般是一块由单片机和基本外围电路组成的开发板，开发板上面的输入 / 输出（I/O）引脚可以连接各种外部设备。“开源”是指这些硬件遵循开源许可协议，将电路原理图、材料清单、设计图以及相关工具等资料分享出来，供他人使用和再创作。

开源硬件受开源软件的启发而确立，但其实践历史却比开源软件还早，可追溯到集成电路发展初期。1997 年，Linux 程序员布鲁斯・佩伦斯发起“开放硬件（Open Hardware）认证计划”，得益于互联网的普及，开源硬件概念迅速兴起。开源硬件具有价格低廉、入门容易、资源丰富等特点，在创客教育中独具优势。目前，许多开源硬件已经进入学校课堂，成为创客教育或者信息技术教学的必备工具。中小学生利用开源硬件，结合各种周边扩展模块，能够制作出各种具备交互功能的智能作品。

一、常见的开源硬件

这几年，开源硬件的发展迅速，产品丰富、种类齐全。据不完全统计，当前市场上的开源硬件已经超过了一百种。下面介绍几种在教育中应用较为广泛的开源硬件。

（一）Arduino

Arduino 于 2005 年开发，起初仅为了方便设计学院的大学生制作互动作品，因为开源而快速发展为全球知名的开源硬件平台。Arduino 包含硬件（各种型号的 Arduino 主板）和软件（Arduino IDE）。Arduino 硬件有多个版本，分别适用于不同的开发需求，其中 UNO 是最常用的一种，如图 2–1–1 所示。

图 2–1–1　Arduino UNO

Arduino 硬件中没有操作系统，只能存储一段特定功能的控制程序，主要应用于一些小型、简单的控制项目。在计算机上编写的控制代码，经编译后烧写到 Arduino 控制器中。受接口数量的限制，Arduino 的拓展功能往往需要通过层层堆叠的扩展板来实现。

Arduino 的诞生被视为开源硬件发展史上的一个里程碑，很多开源硬件都是在 Arduino 的基础上发展而来的。因为资源丰富，Arduino 成为科技与人文领域备受欢迎的开发工具，被誉为创客空间中的造物神器。

（二）掌控板

掌控板（Handpy）是一款国产开源硬件，属于“虚谷计划”中的重要项目。掌控板采用国产物联网芯片 ESP32，支持 Wi-Fi 和蓝牙，配备 OLED 显示屏、内置加速度、声音、光线等传感器及蜂鸣器，带有两个物理按键和六个触摸键，如图 2–1–2 所示。掌控板性能强大，能够识别语音、播放音频，甚至还能播放一段微电影，适合开发简单的趣味互动项目。

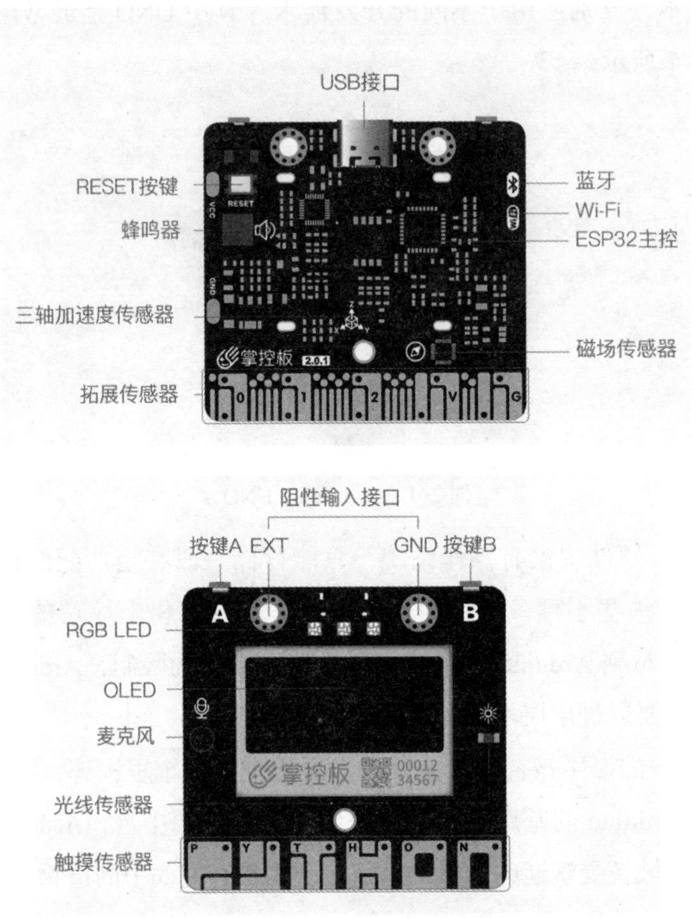

图 2–1–2　掌控板面板简介

结合蓝牙和 Wi-Fi 双无线通信，掌控板可作为物联网终端，设计各种智能物联网和智能家居的应用。同时，因为掌控板整合了很多电子元件，不用外接模块就能实现很多功能，价格又低，尤其适用于大班教学。

（三）micro:bit

micro:bit 是一款为青少年编程教育设计的入门级开发板。

micro:bit 的尺寸很小，上面嵌有 5 × 5 颗红色 LED 阵列，用以显示简单的字符或者图形，还整合了两个可编程按钮、加速度计、电子罗盘等模块。具体硬件架构资源如图 2–1–3 所示。

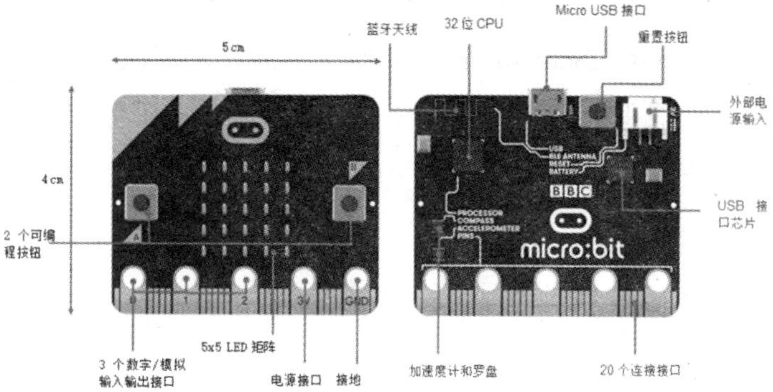

图 2-1-3　micro:bit 硬件架构和资源

和掌控板类似，micro:bit 可以通过鳄鱼夹与各种电子元件互动，使用专用的扩展板后能连接多达 20 个外部模块。micro:bit 可以使用 MicroPython、Java 等编程语言编写电子游戏，做声光互动、机器人控制、科学实验、可穿戴装置开发等。micro:bit 的金手指接口和掌控板一致，大部分的扩展板可以通用。

（四）虚谷号

虚谷号（vvBoard）是一款面向人工智能教学和 Python 编程学习的国产开源硬件。和掌控板一样，虚谷号也是“虚谷计划”中的一个硬件项目。如图 2-1-4 所示，虚谷号集成了高性能处理器和通用单片机，内置多功能扩展接口和多种通信接口，既可以作为一台完整的电脑使用，也可以作为一个微型的可编程智能终端。

图 2-1-4　虚谷号实物图

虚谷号运行 Linux 桌面系统，能够流畅运行 Python（Jupyter Notebook）、Arduino、Processing、Scratch 等开源软件，为人工智能和 Python 编程教学提供了完整的课程资源包。虚谷号自带蓝牙和 Wi-Fi 功能，扩展接口的引脚资源完全兼容 Arduino UNO。简单来讲，虚谷号相当于一台 Linux 计算机外接了一块 Arduino UNO。

虚谷号的使用分为电脑模式、U 盘模式和无线模式等。电脑模式是指将虚谷号连接显示器、键盘和鼠标，虚谷号便可以作为一台卡片式电脑执行很多人工智能的高级应用；U 盘模式是指将虚谷号通过 USB 线和电脑 USB 口连接，电脑上将出现一个虚拟的 U 盘，编写的 Python、Arduino 等代码可以直接拷贝进 U 盘并执行，如图 2-1-5 所示；无线模式是指借助虚谷号内置的 SSH 和 jupyter 服务，在连接 Wi-Fi 的情况下，不用接鼠标键盘，即可实现对虚谷号的完全控制，如运行 Python 程序，给 Arduino 刷写代码，安装和卸载 Python 扩展模块、系统软件等。

图 2-1-5　虚谷号和电脑的连接

（五）树莓派

树莓派（Raspberry Pi）类似虚谷号，也是一台小型的卡片式电脑。树莓派运行 Linux 操作系统，虽外表“娇小”，内“芯”却很强大，具备计算机的基本功能，只需接上显示器和键盘，就是一台电脑了。自 2012 年问世以来，树莓派受众多计算机发烧友和创客的追捧，一些复杂的创客项目都会选择树莓派来制作。树莓派和虚谷号的最大区别有二：一是树莓派需要外接存储介质，二是虚谷号内置了 Arduino。

二、周边扩展模块

一个完整的创客项目作品，除了开源硬件外，还需要各种周边的扩展模块。这些扩展模块功能繁多，涉及面很广，主要分为负责感知信息的传感模块、负责输出信号的执行模块、负责显示信号的显示模块以及作为通信桥梁的通信模块。

（一）传感模块

传感模块是一种信息输入设备，能够检测、感受外界的信号、物理条件（如光、热、湿度）或化学组成（如烟雾）等。常见的传感模块是通过敏感元件获取外界信息并转换成电信号输出，比如光线传感器中敏感元件为光敏电阻，光线强弱发生变化，输出的电压信号也发生相应的变化。传感模块结构如图 2-1-6 所示。

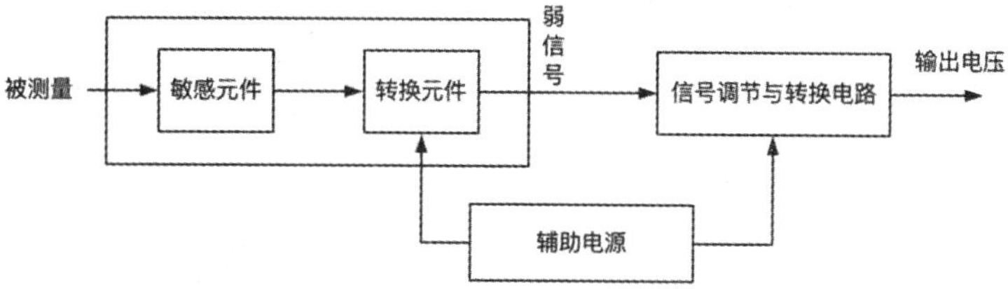

图 2-1-6　传感模块的结构示意图

传感模块的应用领域非常广泛，只要涉及与物理外界互动的创客作品设计，都需要借助各种传感器。表 2-1-1 简单介绍几款设计中比较常见的传感模块。

表 2-1-1　常见传感模块

名称	用途	图片
按钮传感器	控制电器元件，常用来接通或断开物联网执行器	

续表

名称	用途	图片
触摸传感器	对人体或金属的触碰进行检测，与按钮传感器类似，通常用来控制通断	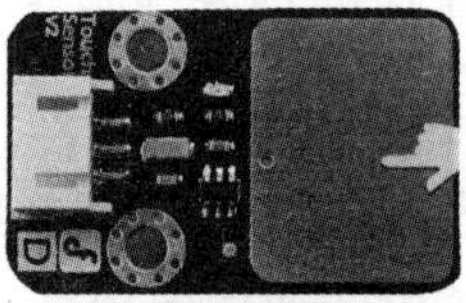
光线传感器	能检测环境光线的强度，可在创客项目作品中感知光线强弱	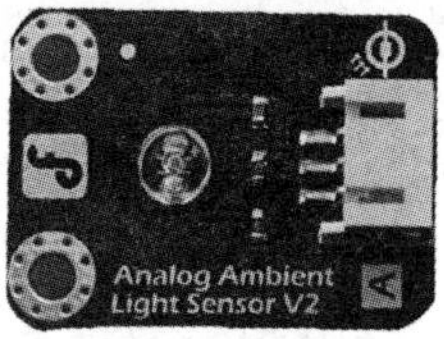
声音传感器	能检测环境声音的大小，可在创客项目作品中对周围环境中的声音强度进行检测。	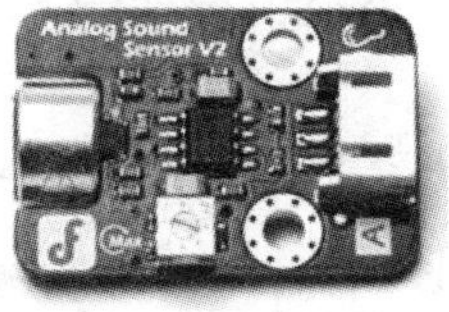
旋钮传感器	可以旋转不同角度，在创客项目作品中，输入与旋转位置相关的信号	

（二）执行模块

顾名思义，执行模块负责输出信息，做出行动。执行模块收到从控制系统发出的信号后，将其转换成机械运动，通过各种简单的动作来改变其物理环境，比如发光、发声、电机转动、磁铁吸合等。如果把传感模块类比为人的感觉器官，那么执行模块就相当于人的四肢。常用的执行模块有继电器、电机、舵机等，如表 2–1–2 所示。

表 2-1-2　常见的执行模块

名称	用途	图片
继电器	通过控制小电流电路的通断，实现对高电压大电流电路的控制	
直流减速电机	能够实现设备的旋转运动，比如风扇的转动	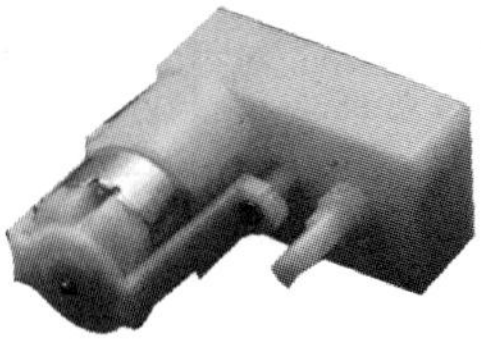
舵机	能够比较精确地控制和保持输出轴的角度	
电磁阀执行器	利用通电的线圈产生磁力的原理来设计。电磁阀在家用电器中使用最广泛，比如用于煤气和水的控制，共享单车上装的则是电磁锁	

（三）显示模块

利用显示模块，可将温度、数量、重量、日期、时间等显示出来，让作品的人机交互方式更直观、更多元。开源硬件作品中常用的一些显示模块如表 2-1-3 所示。

表 2-1-3　常见的显示模块

名称	用途	图片
数码管	显示简单的数字，常用于制作简单的定时器、计数器等	
LED 灯模块	通过控制内置的三种颜色灯珠亮度来调制出多种颜色	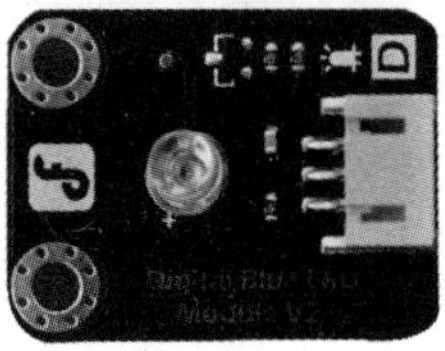
8×8 LED 点阵显示矩阵模块	可显示汉字、图形、动画及英文字符等，常用于户外门头单红屏、户外全彩屏、室内全彩屏等	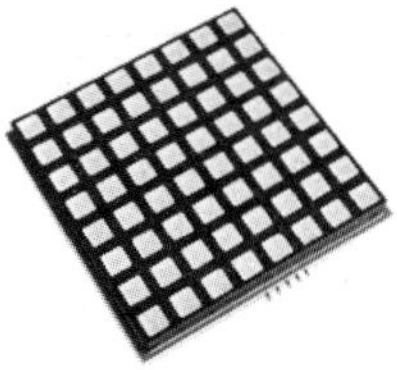
LCD 液晶屏	可显示 2 行文字，每行 16 个字符	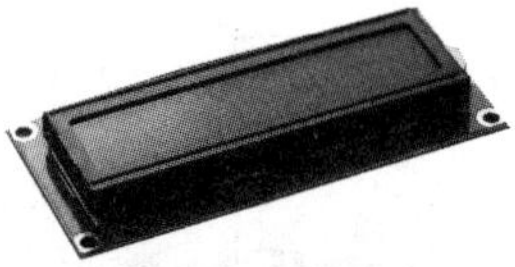
OLED 显示屏	可显示图像和文字。掌控板上的屏幕，就是 OLED 显示屏	
WS2812B 全彩 LED 灯带	一个集控制与发光电路于一体的智能外控 LED 光源，通过代码能够控制 LED 灯带产生各种奇幻的效果	

（四）通信模块

不同模块或设备间要想实现通信，需要用到通信模块。按通信方式，我们大致可将创客作品中的通信分为有线通信和无线通信两种。

1. 有线通信

有线通信的技术很多，常见的是串口通信。串口是串行接口的简称，也称串行通信接口。通过串口能够实现两个模块之间的数据交换，是一种点对点的通信。图 2-1-7 所示为计算机串口。其特点是通信线路简单，只要一对传输线就可以实现双向通信。现在的很多计算机已经不再提供串口，开源硬件一般都是利用 USB 虚拟串口与计算机进行通信，如大家熟悉的 Arduino、掌控板等。

图 2-1-7　计算机串口

串口通信最大的优点是通用性好，大部分设备都能支持这种通信方式。有些开源硬件为了节省体积或者成本，没有内置 USB 串口模块，需要借助于外置的 USB to Serial 模块，如图 2-1-8 所示，才能与电脑通信。

图 2-1-8　USB to Serial 模块

2. 无线通信

串口不仅可以通过有线的形式通信，通过一些转换模块，也能够实现无线通信。常见的转换模块有蓝牙、Wi-Fi 等，如图 2-1-9 和 2-1-10 所示，其对应的功能是将串口信号转化成蓝牙信号或 Wi-Fi 信号。

图 2–1–9 蓝牙模块

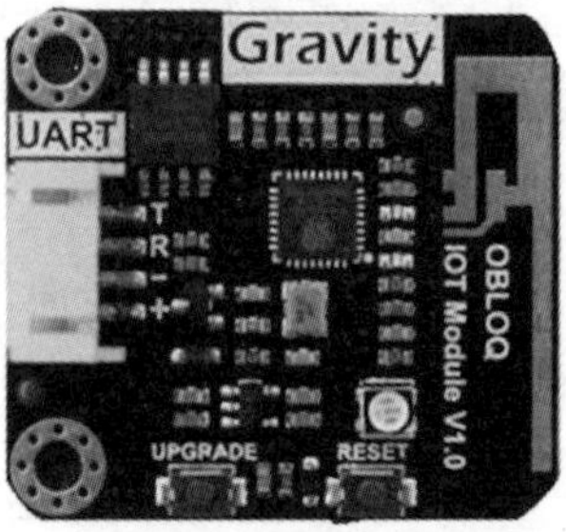

图 2–1–10 Wi-Fi 模块

例如，用手机控制灯的开与关，就是通过连接开源硬件上的蓝牙模块与手机上的蓝牙通信实现的。有些开源硬件（如 Arduino、micro:bit 等）不具备网络访问的功能，但只需使用 Wi-Fi 模块，就可轻松接入互联网，从而实现无线智能家居等方面的应用。

相比蓝牙模块，Wi-Fi 模块传输速率更快，但最大的缺点在于功耗较高，不适合用于手环、戒指之类的可穿戴设备。不过，在家用领域，如无线音箱、视频同步传输等方面，Wi-Fi 显然更具优势。针对不同项目，要根据真实的需求来选择适合的无线通信模块。

除了蓝牙和 Wi-Fi，315M 无线通信技术也很常见，广泛地应用于车辆监控、遥控、家庭防盗系统、门禁系统、机器人控制等领域中。图 2–1–11 为 315M 无线射频通信的 Arduino 扩展板。

图 2–1–11 315M 无线射频通信 Arduino 扩展板

第二节　编程工具

编程是创客造物的基本功。不掌握常见的编程语言或者工具，就没有能力来驾驭开源硬件和其他数字化工具。创客空间众多的编程工具中，有些比较通用，可以支持多种开源硬件，有些则是为某一款开源硬件量身定制的。我国创客教育的发展与编程教学关系十分密切，创客教育中的开源硬件离不开编程，而用开源硬件能够让编程教学更加生动有趣，二者相辅相成。从 2010 年开始，以 Scratch 和 Blockly 为代表的图形化编程成为低龄儿童编程的主流，教育者期望先用图形化编程的方式吸引学生，使其具备一定能力后再逐步转向代码编程。

一、图形化编程工具

图形化编程工具是为了降低青少年学习编程的难度，激发其学习编程的兴趣而开发的。最早引起中小学关注的图形化编程工具是 Scratch，最早支持开源硬件编程的图形化编程工具是 ArduBlock。随着开源硬件和少儿编程的发展，图形化编程工具也随着流行起来。下面介绍五种工具，分别是 Scratch、Mind+、mPython、Android 系统应用的开发工具 App Inventor 以及 Node-RED。

（一）Scratch

Scratch 是一款面向少年儿童的简易编程工具。用户只需要用鼠标拖动积木形状的模块并把它放到合适的位置就可以实现编程，轻松地创建动画、游戏，从而学习有关事件、循环、变量、逻辑判断等基本的计算机程序知识，掌握克隆、列表、函数等高级编程技能，并且还可与外部设备相结合，如 Arduino 板、掌控板等，利用各种传感器创作出生动有趣的互动作品。Scratch 不仅可以在 Web 页面编程，也可以使用离线方式编程。其编程界面如图 2-2-1 所示。

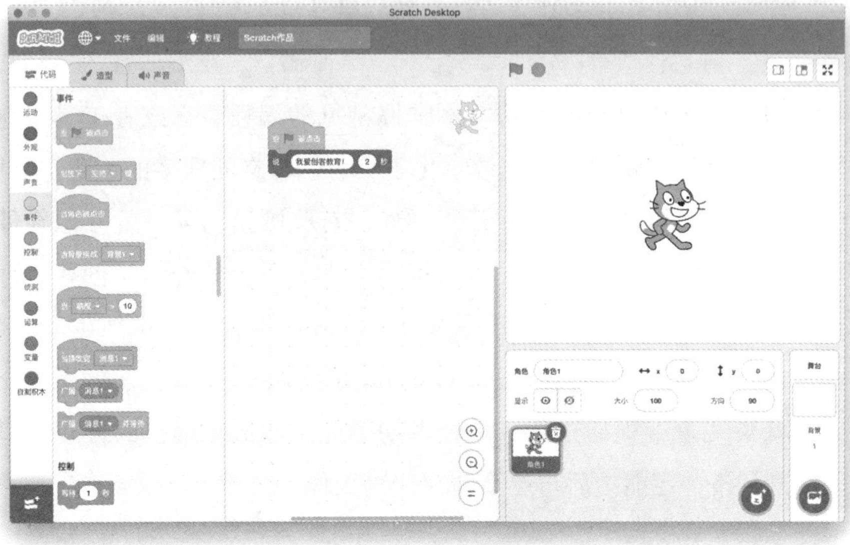

图 2-2-1　Scratch 的编程界面

（二）Mind+

Mind+ 是一款基于 Scratch3.0 开发的，支持 Arduino、micro:bit、掌控板等各种开源硬件的青少年编程软件。Mind+ 在 Scratch 的基础上扩展了对开源硬件、物联网和人工智能的支持，能够直接给开源硬件编写程序，功能更加强大。

Mind+ 有两种编程模式：“实时模式”类似原生版本的 Scratch，用于互动编程；“上传模式”类似 ArduBlock，给开源硬件编写固件。Mind+ 的核心特点归纳如下：

第一，支持三大主流开源硬件平台的编程。当前教育中的开源硬件主流是基于 Arduino、micro:bit、ESP32 的相关产品，Mind+ 完美地将三个硬件平台进行了融合，采用统一的编程语言就可以控制不同的开源硬件。

第二，支持海量电子模块，一键添加。拥有强大的硬件扩展功能库，直接使用即可以对几十种硬件模块，包括各种传感器、执行器、通信模块、显示器、功能模块等进行编程控制，并且数量还在不断增加中。

第三，自动转换 Python 代码，可手动编辑。使用图形化积木编程时可以自动转换为 Python 或 C 代码，对照学习很轻松，同时也可以手动编辑代码，轻松进阶为编程达人。

第四，支持物联网功能。Mind+ 可以直接访问 MQTT 服务器，和其他接入 MQTT 服务器的智能硬件进行交互，可实时、远程监测传感器模块数据，并远程控制常用设备，降低了学习物联网的门槛。

第五，提供人工智能应用。Mind+ 内置了摄像头的各种人工智能应用，如人脸识别、文字识别、通用物体识别等，还支持机器学习。在 Mind+ 上能完成人工智能的入门学习，编写出支持人工智能应用的创客作品。

（三）mPython

mPython 是一款为掌控板和开源电子模块支持图形化编程和代码编程而开发的多功能软件，包含了许多编程辅助功能，如交互式提示、程序调试、异常处理等；提供仿真界面，不用上传也能调试程序，支持从掌控板读出上一次刷入的图形化指令或代码程序，内置多种示例程序，方便快速入门。

mPython 有图形化编程和代码编程两种模式。图形化语言与 Scratch 界面相似。mPython 为用户提供了函数、元组以及微信小程序等高级模块。用户可以通过积木拖动编程，也可手动输入 Python 代码，如图 2-2-2 所示。普通模式和教学模式可以相互切换，教学模式可以双屏互动，直观呈现图形化与代码对照，让 Python 更易学。

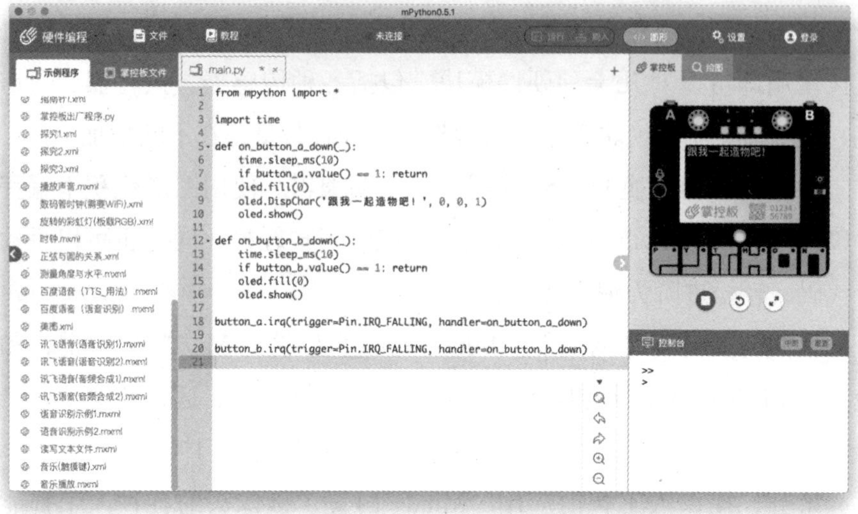

图 2-2-2 mPython 自动生成 MicroPython 的代码

mPython 有仿真和科学探究模式。仿真模式下，无须连接掌控板，便可以在右侧的仿真界面直观看到运行结果，让调试更简单。而科学探究模式，可以呈现掌控板返回的各种数据，让掌控板更好地跟科学探究进行结合。比如编写一个探究加速度变化的程序，在探究模式下可以将加速度相应的变化曲线绘制出来，数据和图形可以另存为图片导出来。

mPython 有代码库功能，可以将某一段程序保存到代码库中，然后在其他程序中重复调用，程序将自动同步到服务器。在 mPython 右上角登录账号之后，除了可以看到用户自己保存的代码库，还能看到社区和官方提供的代码库。代码库让知识实现复用，避免重复造轮子，可以将更多的时间花在创意与解决问题上。

mPython 的扩展分为硬件扩展和应用扩展两类，如图 2-2-3 所示。硬件扩展针对的是外部的传感器、执行器或者其他硬件模块，用户想控制灯带，就需要添加 Neopixel 模块；想连接外部摄像头，就需要添加摄像头模块。而应用扩展，则类似 Python 编程时有各种外部库一样，方便快速实现想要的功能。比如 Blynk 模块，可以与 Blynk 物联网平台进行通信；音频模块，则可以提供音乐播放、语音识别等相应的功能。

图 2-2-3 mPython 的扩展功能界面

（四）App Inventor

App Inventor 是一个 Android 手机应用程序开发环境。它基于 Blockly 开发，同样采用了拼积木的形式来实现编程。开发 App 的过程类似 VB，先设计界面再编写代码，最后编译为 APK 文件。即使不懂得编程语言的人，也可以开发出属于自己的手机应用程序。

这里用一个简单的例子来介绍 App Inventor。它有两个重要的视图：一是设计视图，如图 2-2-4 所示，用于为应用添加组件，并对组件的属性进行设置；二是编程视图，如图 2-2-5 所示，用于定义组件的行为。

通过上述操作，便开发了这样一个有趣的 App 应用：用户触摸这只猫时，它会发出喵呜的叫声，手机也将伴有轻微的震动；用户摇晃它时，它会不停地喵呜喵呜地叫。

图 2-2-4　App Inventor 的设计视图

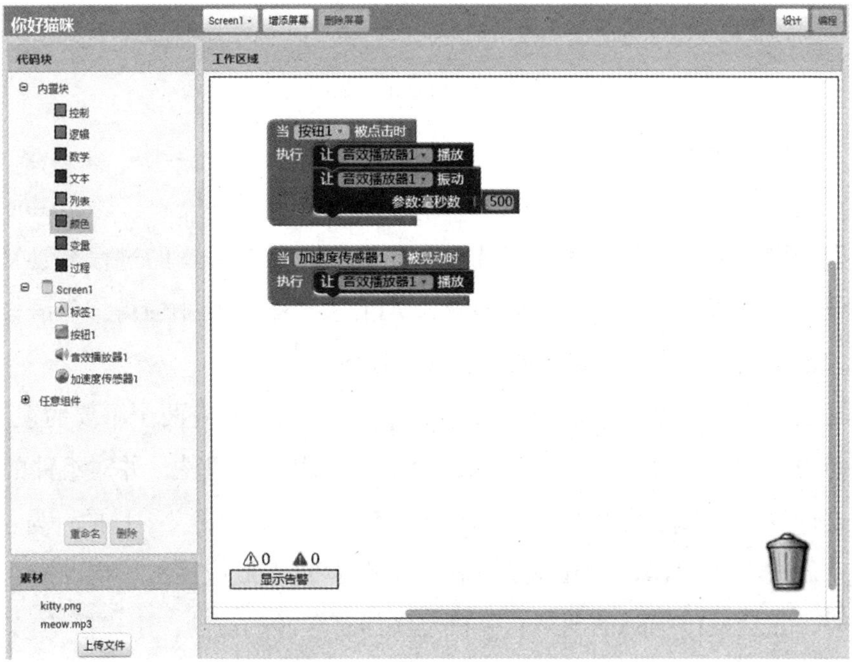

图 2-2-5　App Inventor 的编程视图

其实手机上常见的小游戏，如愤怒的小鸟、切水果、俄罗斯方块等，几乎都可以用 App Inventor 开发完成。除了开发小游戏，还可以编写各种小工具。建议初学者从“学习检测教育软件”“音乐制作”“视频播放”“语音识别”等几个方面去开发应用程序。虽然是图形化编程平台，但是 App Inventor 的功能一点儿都不弱。如果将手机应用程序的开发与网络相结合，App Inventor 甚至可以设计微博、QQ 应用、手机支付等移动应用程序。结合使用其他编程语言平台，App Inventor 能完成更多复杂有趣的应用，具体如图 2-2-6 所示。

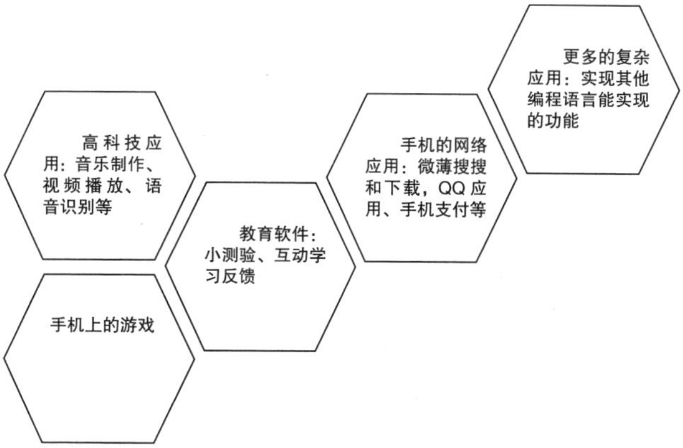

图 2-2-6　App Inventor 应用

（五）Node-RED

Node-RED 是一个基于数据流的可视化界面编程工具。Node-RED 本来是为了满足工程师快速连接硬件和设备到 Web 服务和其他软件的需求，但因为编程简单、流程清晰而得到好评，很快发展成为一种通用的物联网编程工具。Node-RED 提供基于网页的编程环境，如图 2-2-7 所示，通过拖拽已定义的节点到工作区并用线连接节点（Node）创建数据流来实现编程。用户通过点击“部署”按钮实现一键保存并执行，同时程序以 JSON 字符串的格式保存，方便用户分享与修改。

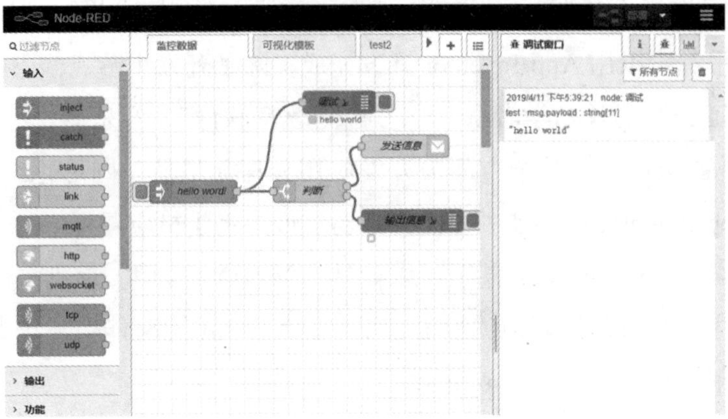

图 2–2–7 Node-RED 编程界面

Node-RED 能够成为物联网应用程序开发的强大工具，在于其有两大优势：一是 Node-RED 是基于流的编程模型。基于流的编程模型可以很好地映射到典型的物联网应用中。二是 Node-RED 内置了丰富的节点。通过构建一套强大的输入和输出节点，为用户提供了强大的构建模块，使其能够快速组合完成大量的流程，实现与现实世界的交互以及控制设备，而无须担心编程细节。

目前，Node-RED 在工业物联网和控制中已经开始被广泛应用。简而言之，Node-RED 是一款值得学习的物联网工具，入门简单而功能强大。为了方便更多人使用 Node-RED，虚谷号的新固件上集成了 Node-RED、SIoT（一款 MQTT 服务器）等软件，开机即可使用，对更多的物联网爱好者来说，有了更加低门槛的学习方式。

二、代码编程工具

图形化编程工具虽然简单，但若要解决一些复杂的逻辑问题，就有些力不从心了。这时，代码编程的重要性便显现出来了。Arduino IDE 是常见编程工具，Processing 则是互动媒体方面的经典编程工具。除此之外，Python 常用的 IDE 也已成为创客空间中的常见编程工具。其实，很多图形化的编程工具也提供了代码编写的功能，如 Mind+、mPython 等。

（一）Arduino IDE

集成开发环境（IDE）是一种辅助程序开发的应用程序，通常包括代码编辑器、编译器、调试器和图形用户界面工具，集成代码编写、分析、编译、调试等功能。

Arduino IDE 是为开源硬件 Arduino 量身定制的集成开发环境，如图 2-2-8 所示。它不仅支持 Arduino 程序的编辑、编译、烧写和串口通信等，还提供了一个功能强大的库管理器，通过该库管理器，用户可以快速搜索到 Arduino 支持的各种外围设备的驱动库。目前，几乎所有的开源硬件都会提供 Arduino 的扩展包，支持用 Arduino IDE 来编程。

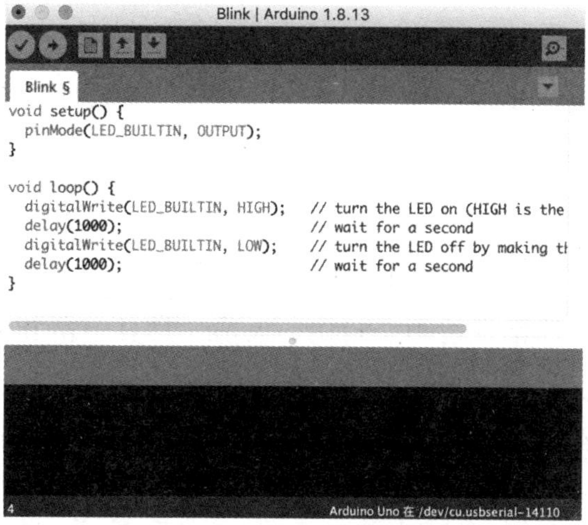

图 2-2-8　Arduino IDE 编程界面

（二）Processing

Processing 是一款专为设计师和艺术家开发的编程软件。Processing 可以在 Windows、macOS、Linux 等操作系统上使用，具有 Java、Python 和 Android 等编程模式。通过 Processing，无须太高深的编程技术，便可实现精彩的交互媒体作品。

Processing 可结合 Arduino、掌控板等开源硬件，制作出令人惊艳的互动作品。如图 2-2-9 所示，这是湖北大学数字媒体艺术专业邹磊利用 Processing 创作的作品《旋转之美》。通过传感器实现“当观众跺脚、鼓掌或大声说话时，屏幕中旋转的画面便会跟着声音的大小发生改变”，这一作品设计唯美又有新意。

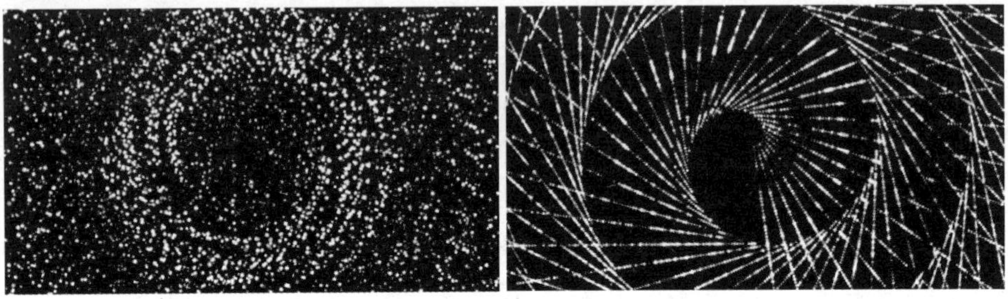

图 2-2-9 Processing 作品《旋转之美》

（三）Python IDE

Python 是一门用途非常广泛的计算机程序设计语言，免费、开源、功能强大并支持跨平台应用。自 2017 年教育部发布《高中信息技术课程标准（修订版）》后，计算思维成为课程核心素养的重要组成部分，高中和初中新编写的教材也大都选择了 Python 作为编程语言。

Python 语法简洁、清晰、自由、灵活，具有丰富和强大的库，常被称为“胶水语言”——能够把其他语言 (尤其是 C/C++) 编写的各种模块很轻松地“黏合”、联结在一起。Python 的各种扩展库数不胜数，只要导入不同的库或者包，在极短的代码中就能实现很酷的应用。Python 的 IDE 很多，最常见的是 IDLE、Pyzo 和 Jupyter 等。

虽然很多开源硬件不能直接运行 Python 代码，但是借助于 pinpong 库，使用 Python 代码也能控制不同的开源硬件。pinpong 库是“虚谷物联”项目下的软件包之一，其设计是为了让开发者在开发过程中不用被繁杂的硬件型号束缚，而将重点转移到软件的实现。哪怕程序编写初期用 Arduino 开发，部署时改成了掌控板，只要修改一下硬件的参数就能正常运行，实现了“一次编写处处运行”。

pinpong 库的原理是给开源硬件烧录一个特定的固件，使开源硬件可以通过串口与计算机通信，执行各种命令。目前，pinpong 库支持市场上绝大多数的开源硬件，如表 2-2-1 所示。

表 2-2-1　pinpong 库支持的开源硬件列表

开源硬件的品牌和型号	pinpong 库的 board_name
Arduino UNO R3	uno
Arduino Leonardo	leonardo
Arduino Nano	nano
Arduino MEGA 1280	mega1280
Arduino MEGA 2560	mega2560
micro:bit	microbit
掌控板	handpy
虚谷号	xugu
树莓派	rpi
LattePanda	lp
ESP32	esp32
ESP8266	esp8266

以 Arduino UNO 为例，表 2-2-2 中的 Python 代码将点亮 Arduino 板载的 LED 灯（D13 引脚）。

表 2-2-2　pinpong 的代码范例

步骤	代码	解释
（1）导入库	from pinpong.board import Board,Pin	导入 Board 和 Pin 两个类
（2）初始化硬件	Board("uno").begin()	初始化，选择板型（Arduino UNO、Leonardo、虚谷号）和端口号，不输入端口号则进行自动识别
（3）初始化引脚	led = Pin(Pin.D13, Pin.OUT)	将引脚 D13 初始化为电平输出
（4）信号输出	led.write_digital(1)	输出高电平

从上述代码可以看出，初始化硬件只要正确输入硬件的品牌和型号

即可。如果端口号省略，pinpong 会自动扫描本机可用的所有串口，然后给硬件烧录特定的固件。这样一来，使用 Python 代码控制开源硬件的入门门槛降到了最低，只要能辨别开源硬件的型号，并且知道其引脚的正确编号即可。

三、常见开源硬件的编程工具

不同开源硬件平台使用不同编程语言进行编写代码。上一节介绍了常见的开源硬件，这些开源硬件支持的编程语言和工具如表 2–2–3 所示。

表 2–2–3 常见的开源硬件与编程工具

品牌	支持的编程语言	主要编程工具
Arduino（以 UNO 为例）	C/C++、图形化	Arduino IDE、Mixly、Mind+、慧编程、好搭平台、诺丁等
micro:bit	C/C++、MicroPython、JavaScript 、图形化	MakeCode、Arduino IDE、BXY、Mu、Mixly、Mind+、mPython、Kittenblock、慧编程、好搭平台、腾讯扣叮等
掌控板	C/C++、MicroPython、图形化	Arduino IDE、BXY、Mixly、Mind+、mPython、Kittenblock、慧编程、好搭平台、腾讯扣叮等
虚谷号、树莓派	C/C++、Python、图形化	Arduino IDE、Python IDLE、VS Code、Jupyter 等

表中所示开源硬件中，虚谷号和树莓派采用了性能较好的芯片，支持 Python 语言以及 Python IDLE 之类任何一款 Python IDE。同时，随着 pinpong 库的开发与完善，Arduino、micro:bit 和掌控板这三种市场占有率最高的开源硬件，也支持使用 Python 进行控制。因此，上述开源硬件在中小学创客空间中都可以使用：小学配合图形化编程工具使用，比如 Mind+、Mixly 等；初中可以考虑同时使用图形化编程工具与文本方式编程；高中则统一使用 Python 语言 +pinpong 库，有能力的学生则自学 MicroPython 和 C++。

表中提到的 BXY、Mixly、Kittenblock、慧编程、诺丁、好搭平台和腾讯扣叮等，也都是常见的编程工具，限于篇幅这里不再具体介绍。值得强调的是，这些编程工具都由国内创客团队自主研发。在创客教育的推动下，我国在开源硬件及其编程工具开发方面发展迅速，这些优秀的教育产品作为教育公共品，正在向全球输出。

第三节　加工工具

"工欲善其事，必先利其器。"创客的"造物"不仅仅是写一段代码，还涉及各种机械结构、外观搭建等。一个稍微复杂点儿的作品，很多部件都难以找到现成可用的，如机器人的机械手、物联网终端的外壳、固定传感器的支架等，需要利用不同的工具进行加工而得到。

传统制造中，工匠的加工水平、工艺的复杂程度等因素均会影响成品的质量，且制造效率相对较低。数字化制造则具有制造精度高、可以批量加工和文件易修改等优势。借助计算机辅助设计、计算机程序控制等数字化制造手段，可以较好地解决传统制造中的相关问题。一般来说，创客空间中既需要传统加工工具，如手锯、台虎钳、电烙铁、胶枪等，也需要数字加工工具，如 3D 打印机和激光切割机等。

一、传统加工工具

在通用技术课程或者劳动技术课程中，经常会用到一些传统的金工工具，比如钢角尺、样冲、手锯、攻丝工具、套丝工具、台虎钳等；还有木工工具，比如锯子、刨子、凿子、斧子、木锉、钻子等。在电子类创客作品制作的过程中，电路焊接、模块封装之类的操作不可缺少，都需要相应的工具支持。常见的传统加工工具列举如表 2–3–1 所示。

表 2-3-1　常见的传统加工工具

名称	用途	图片
电烙铁	主要是用来焊接元器件及导线，加热后使用	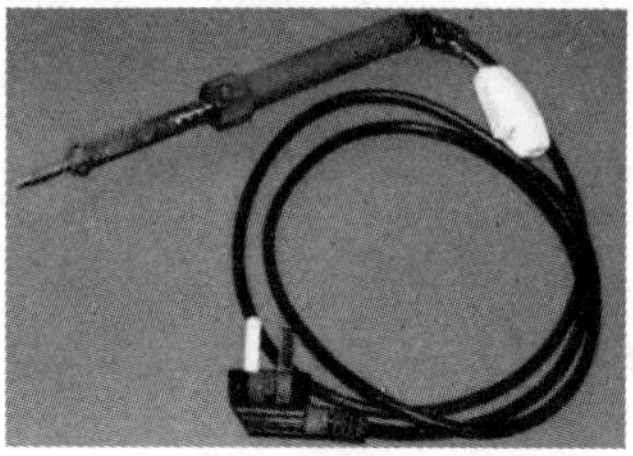
防静电调温电烙铁	这种烙铁不但可以调温，还可防静电，可以带电焊接	
镊子	用来夹持一些不方便直接用手拿的物品，如小零件、焊接时烫手的零件、棉球等	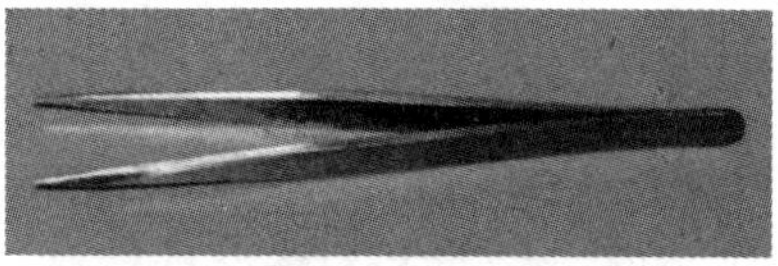
斜口钳	主要用于剪切导线、元器件多余的引线，还常用来代替一般剪刀剪切绝缘套管、尼龙扎线卡等	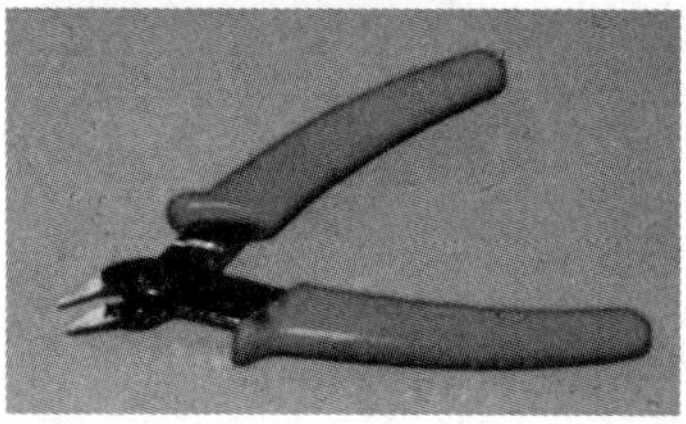
胶枪	用来固定一些不受力的东西（如导线）十分适合，而且绝缘。把它插在 220 V 电源上，一分钟左右装在胶枪上的胶棒就会熔化，熔化的塑料可对物体进行黏接和密封	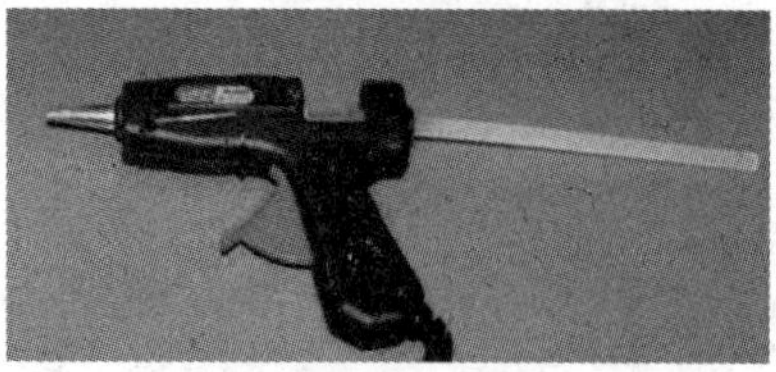

续表

名称	用途	图片
热风枪	对元件的接头或接线可以套上热缩管，然后用热风枪进行塑封	
打孔器	这种一般给皮带打孔的工具，在创客空间中常常用于做连接件。普通纸板加上透明胶带后，再用打孔器冲出螺丝孔	
多功能电钻	既可作为电钻，又可以作为电动螺丝刀使用	
万用表	可用于电压、电流、电阻的测量。有的还具有电容、电感、频率测量等功能	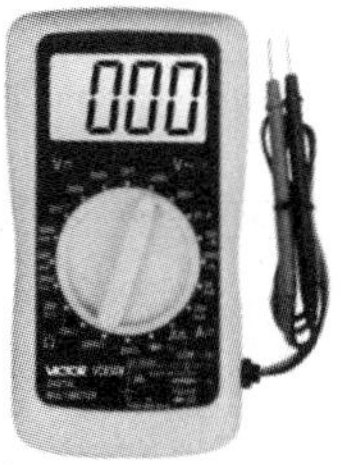

传统的加工工具很多，除以上所述外，还有美工刀、雕刻刀、尖嘴钳、老虎钳等等。建议选择质量好的品牌工具，制作创客作品时会更加安全方便。

二、数字加工工具

创客倡导使用数字化的加工工具。以前数字化加工工具因为价格昂贵，只能在一些专业的场合才能看到。随着 CAM（computer-aided manufacture，计算机辅助制造）技术的发展，数字化加工工具功能越来越强大，价格却越来越便宜。一些家用的数字化加工工具的体积也越来越小。在创客空间的作品制作中，常用的数字化加工工具有 3D 打印机、激光切割机、数控机床等。

（一）3D 打印机

3D 打印又称三维打印，以三维数字模型为基础，通过层层黏合的方式来制造三维物体。3D 打印机是采用增材制造技术的快速成型机器。不同类型的 3D 打印机，因为采用的技术不同，支持的打印材料也会不同。

目前，3D 打印技术大致分为 FDM、SLS 和 SLA 三种。

FDM 又称熔融沉积打印技术。通过计算机控制使喷嘴挤出软化聚合物并沉积出设定的模型。这种打印技术最为经济，一般选用聚乳酸（PLA）、工程塑料（ABS）等作为打印材料。

SLS 又称选择性激光烧结技术。通过聚焦的能量源（如电子束或激光）作用在包括尼龙、钛和不锈钢的各种材料组成的精细粉末机床上，绘制成 2D 切片的形状，逐层熔化和固化黏合，最终形成完整模型。

SLA 又称立体光固化成型技术。使用一种液态光敏树脂，光照时能够让液体表面的选定区域固化，液体容器底部逐渐下降以增加材料的深度，最终形成一个立体的模型。

FDM 打印机具有快速、经济的优点，而 SLA 和 SLS 具有更高的打印精准度。尽管 3D 打印有各种不同的方法，但其打印模型的步骤是基本相同的。3D 打印机技术的发展很快，在 2013 年还是高端工具，现在已经随处可见。常见的小型 3D 打印机价格已经稳定在 2000 元以内，创客们使用 3D 打印机除了打印一些创意模型外，更多的是用来制作一些特殊的结构件。

（二）激光切割机

激光切割是在数字化控制下利用激光将材料切割成特定形状的技术。常见的激光切割机有二氧化碳激光切割机、金属激光切割机等。创客空间中的切割机以二氧化碳激光切割机为主，主要用于切割亚克力 (有机玻璃)、木制板材和瓦楞纸等非金属材料。

中小学创客空间中的激光切割机一般融切割和雕刻为一体，既能切割材料也能雕刻文字图案，加工出来的作品更加多元、有趣。激光切割机最大的优势是加工速度快、材料便宜，一块 A4 大小的奥松板经过切割后形成各种结构件，能拼接出很多造型。“虚谷计划”中的乐造模块，其实就是“开源”了一种通用的木质结构件加工图纸，用户可以借助激光切割机进行加工。乐造模块的孔距设计兼容绝大多数的电子模块，使用非常灵活，如图 2–3–1 所示的创客作品，是利用乐造模块搭建的机械手。如图 2–3–2 所示，用激光切割的外观结构件与开源硬件相结合，一台复古完美的留声机便诞生了。

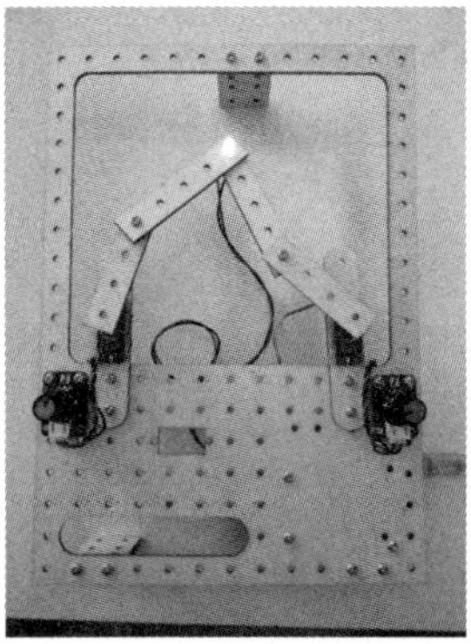

图 2–3–1　用乐造模块制作的机械手作品

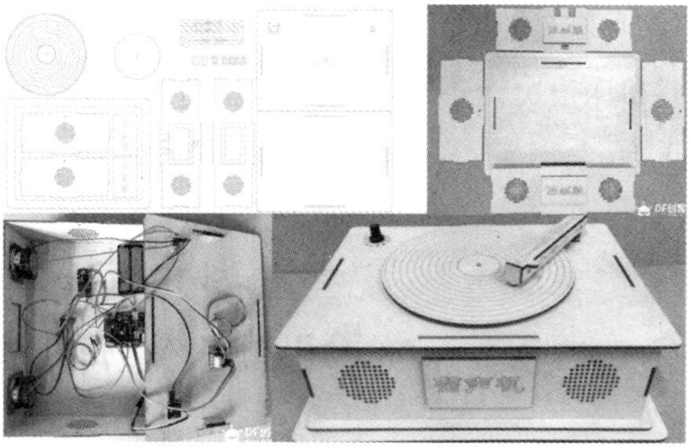

图 2–3–2　留声机

（三）数控机床

数控机床即计算机数字控制机床（computer numerical control machine tools）的简称，是一种由程序控制的自动化机床。该控制系统能够“指挥”机床动作并加工零件，通过刀具切削将毛坯料加工成半成品、成品零件等。

数控加工相对手动加工具有很大的优势，数控加工生产出的零件非常精确并具有可重复性，可以生产手动加工无法完成的具有复杂外形的零件。有些学校已经用小型的数控机床来制作各种创意作品，甚至用来加工 PCB 电路板，如图 2–3–3 所示。

图 2–3–3　用数控机床加工的 PCB 电路板

目前已经有多家创客企业在研发面向中小学的数控机床设备，相信数控机床很快就会成为中小学创客空间中的另一个造物神器。

第四节　设计工具

绘制图纸是工程师的基本功。无论使用什么工具造物，都要学会画图。当然，我们推荐使用数字化工具来绘图。要使用数字化加工工具来造物，首先需要相应的图纸或者 3D 模型。这些图纸和模型可以从一些开源的网站上获取，也可以自己用工具来绘制。

利用数字化工具设计可加工模型的过程就是 CAD（computer-aided design，计算机辅助设计）制图。数字化加工的最大优势在于制作的模型可以修改，并且能批量加工。数字化设计工具包括二维绘图工具和 3D 建模工具，有些软件功能很强大，不仅支持二维绘图，还支持 3D 建模，如 SketchUp 和 SolidWorks 等。

一、二维绘图工具

二维绘图软件很多，比较专业的工具有 CorelDRAW、AutoCAD 等，图形绘制好后，导入到激光切割机或者数控机床中再进行加工即可。中小学创客空间一般推荐开源或者容易上手的设计工具，这里推荐 Inkscape、LaserMaker 和 MakerBrush。

（一）Inkscape

Inkscape 是一款开源、跨平台的矢量图形编辑软件，功能与 CorelDRAW 相似，支持 Windows、Mac OS X、Linux 等操作系统。

Inkscape 软件提供绘制简单图形的工具。用户设计时可以从工具箱中选择正方形、圆形、多边形、星形等工具绘制基本图形，再执行“路径”菜单中的“并集”或“合并”命令来进行组合，最后得到自己想要的图形。

（二）LaserMaker

LaserMaker 是一款激光切割机绘图和加工软件，和雷宇激光切割机无缝整合。LaserMaker 软件功能强大，支持 DXF、AI、PLT 等矢量图格式及 JPG、BMP 等位图格式文件的导入，同时还具备灵活的图形绘制功能，是一款创意物化的利器。

LaserMaker 可以将图形导出为通用的 PLT 格式文件，兼容市面上所有主流激光切割机。启动后的 LaserMaker 工作界面，如图 2-4-1 所示，主要包含有绘图区、编辑栏、工具栏、图库、图层参数栏以及造物栏六大部分，操作简单，类似 Word 软件。

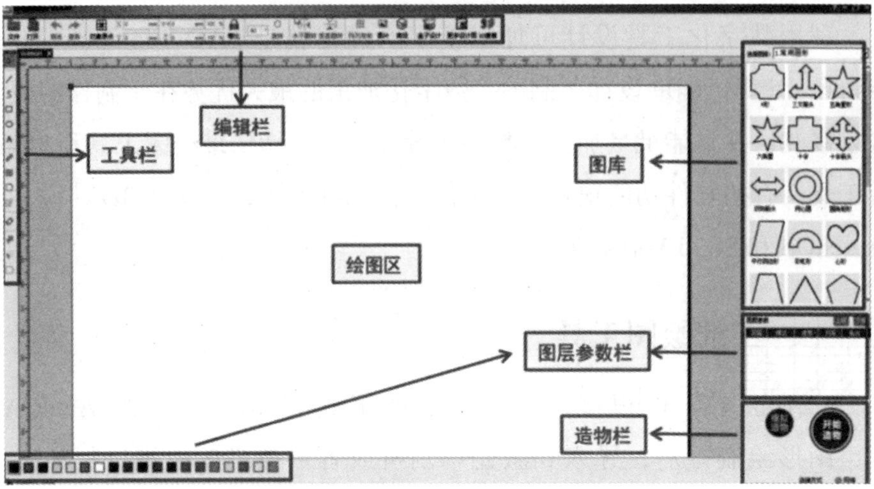

图 2-4-1　LaserMaker 工作界面

（三）MakerBrush

MakerBrush 是一款用三维的形式来设计二维作品的国产建模软件。MakerBrush 的特点是“所见即所得”，三维模型是依靠一块块平板“拼接”起来的，尤其适合用来设计制作激光切割方面的拼插模型。当模型设计完毕后，MakerBrush 又能够将模型分解为二维的平面图，输出为通用 DXF 格式文件。

MakerBrush 软件的入门门槛很低，一般来说，经过一两个小时的操作学习，即可掌握基本功能。它的直线连接、自动生成纹理等功能，方便做镂空和曲面设计。此外，它自带了很多常见的电子元件库，还能够绘制自己的专用模型库，功能十分强大。

图 2-4-2 是利用 MakerBrush 设计的桌牌拼插模型。桌牌的设计是从平面模型到立体建模的第一步。在 MakerBrush 里，先设计好桌牌。在矩形工具右边的菜单里可以设置倒圆角，再在底部添上一个小凸起，在左边的菜单里可以微调位置。通过不同角度查看，对图形进行翻转使其互相垂直并对齐，此时绘制底面，底面会自动识别小凸起，形成拼插结构。具体操作过程在本书第六章第四节中还会介绍。

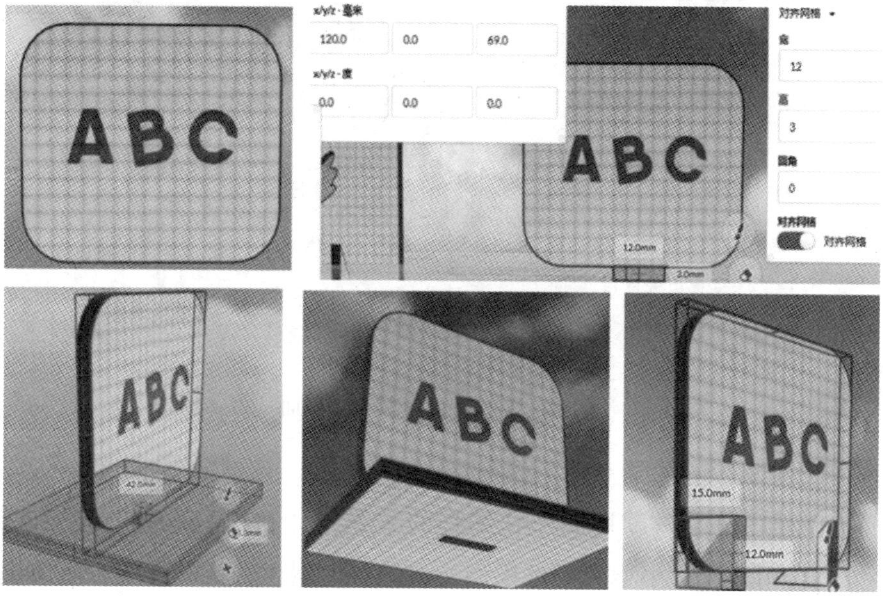

图 2-4-2　用 MakerBrush 设计的桌牌拼插模型

二、3D 建模工具

二维绘图工具用来绘制激光切割机的图纸。3D 模型的建立，则需要借助其他工具。创客空间中常用的专业工具有 SketchUp、SolidWorks 等，而对于中小学，一般推荐简单一些的 3D 设计工具，如 3DOne、3D 程序员以及 IME3D 平台。

（一）3DOne

3DOne 是一款基于“搭建积木”的方式快速建立模型的建模软件。3DOne 界面活泼、简洁，支持涂鸦式的草图绘制，适合年龄较小的学习者。3DOne 建模软件界面组成主要有菜单栏、标题栏、命令工具栏、工作区、视图导航器等，如图 2-4-3 所示。

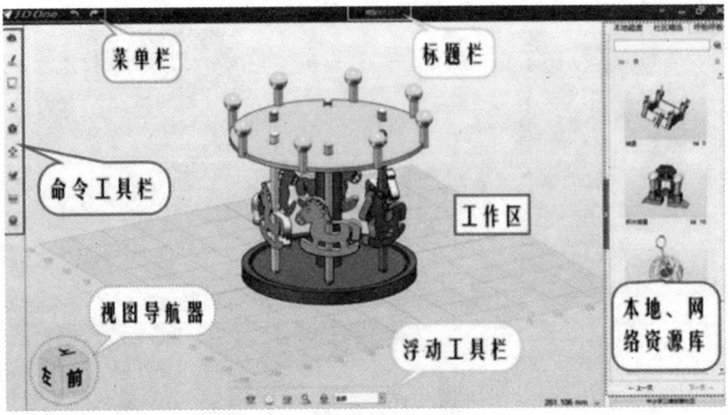

图 2-4-3　3DOne 建模软件界面

（二）3D 程序员

3D 程序员是一款用图形化编程的方式设计 3D 模型的软件。3D 程序员适合用来设计小型的零件模型，在中小学创客教育中得到广泛应用。和二维绘图一样，无论多复杂的模型都是由基础模型进行组合变换而来的。3D 程序员的特点就是让用户像设计师一样，用工程数学的思维，将简单的几何图形进行组合变换、叠加等一系列操作，最终得到设想的模型。

例如，使用 3D 程序员构建一个正方体的方法如图 2-4-4 所示。用编程的形式设计某些有规律的特定模型，效果特别好。

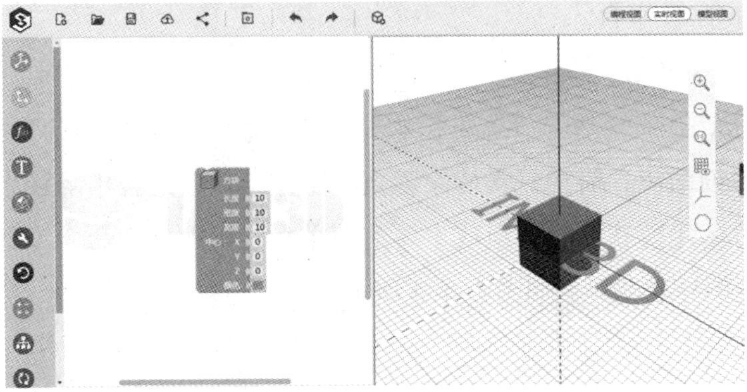

图 2-4-4　用 3D 程序员构建一个正方体

（三）IME3D

IME3D 是为青少年设计的 3D 打印创新教育平台，如图 2-4-5 所示。IME3D 整合了多款 3D 方面的设计软件，向上衔接高中和大学，向下衔接小学生和初学者。软件的资源库中不仅提供教程，还集成了上百个学科主题模型，涵盖了数学、科学、美术等学科，一键导出便可直接进行切片打印。

图 2-4-5　IME3D 平台界面

第五节　辅助工具

在创客造物的过程中需要借助很多技术，除了之前介绍的开源硬件、编程平台、加工工具和设计工具之外，还有很多工具虽然和造物没有直接关联，但又可能经常使用，本书统一称之为辅助工具。我们常常说“万物皆可用”，即指在特定的情况下，任何事物都可以成为工具。因为辅助工具的范围太广泛了，在这里只能有选择性地列举几个。

一、软件类辅助工具

除了常见的办公软件（如演示文稿制作工具）、多媒体工具（如音视频处理工具）、笔记软件、思维导图等，在创客教育中还会涉及一些相对比较专业的软件。如研究物联网技术，需要学习 OneNET 或者 SIoT；研究 VR 技术，需要学习 Unity 或者 Blender；研究电路，需要学习 Linkboy，甚至需要学习专业的 EDA 软件，如 KiCad、Protel 等。因为物联网和 VR 是创客们关注的领域，这里简要介绍一下相关的软件。

（一）物联网开发工具

物联网是创客们常常研究的技术领域。搭建或者开发物联网应用，除了物联网终端，物联网服务器也不可缺少，如 OneNET、SIoT。

1. OneNET

OneNET 是由中国移动打造的物联网服务平台。OneNET 可实现各种传感器和智能硬件的快速接入，满足物联网领域设备连接、协议适配、数据存储、数据安全以及大数据分析等需求。

2. SIoT

SIoT 是一个专为中小学教育定制的开源 MQTT 服务器。SIoT 中的“S”指科学（Science）、简单（Simple）。SIoT 拥有数据接收、存储、分析等功能，能够帮助中小学生理解物联网原理，进行基于物联网技术开发的各种创意应用。同时，因为重点关注物联网数据的收集和导出，所以 SIoT 也是采集科学数据的最好选择之一。

SIoT 主要有四大特点。第一，跨平台。SIoT 支持常见的操作系统，还支持树莓派、虚谷号等开源硬件。第二，一键运行。SIoT 是一个绿色软件，解压便可使用。第三，使用简单。不需要任何注册和设置，利用特定“Topic”的名称（“项目名称 / 设备名称”），就能自动在数据库中添加项目和设备名称，并将消息数据存入数据库。第四，数据可导出。SIoT 提供了一个 Web 管理界面，接收到的所有的物联网消息数据都可通过

Web 页面导出，如图 2-5-1 所示。例如，可以将温度传感器感知到的外界数据实时上传到 MQTT 服务器上，从而探究一天中的温度分布情况或者研究热辐射实验等等。

图 2-5-1　访问 SIoT 服务器的网页管理端

（二）VR 设计工具

VR（Virtual Reality），中文译为“虚拟现实技术”，是利用计算机生成一种虚拟环境，使用户“沉浸”到该环境中的仿真技术。“沉浸”是指当用户戴上虚拟现实的交互设备，就会有身临其境的感觉。VR 技术能够应用于各种行业，如学生可以通过这种技术探索浩瀚宇宙的星系，还可以“进入”体内观察极细微的大脑神经网络……

1. Unity

Unity 是一个多平台的虚拟现实和增强现实的开发工具，能创建诸如虚拟现实、增强现实等项目，建构可视化、实时三维动画等类型的互动内容。Unity 的应用很广，据不完全统计，在 Apple 应用商店和 Google Play 上排名前 1000 的游戏中，半数以上是用 Unity 创作的。Unity 虽然不是开源软件，但个人开发版是免费的。

2. Cardboard

Cardboard 是廉价 VR 眼镜的开源项目，可以将智能手机变成一个虚拟现实的原型设备。Cardboard 的全套装配只有几块硬纸板、透镜、磁铁和橡皮筋，当然还要有一部手机，以及 Cardboard 配套 App。

二、硬件类辅助工具

创客空间中的硬件，除了造物工具，当然还少不了路由器、投影仪、摄像机之类的必备工具，以及各种支持编程控制的硬件平台，比如 Yeelight 的互联网灯泡，知名科技公司大疆为中小学设计的教育无人机和机器人等。

（一）Yeelight 互联网灯泡

Yeelight 智能灯泡支持物联网控制，每一个灯泡都是一个智能终端。Yeelight 公司的 Wi-Fi 系列灯具，一般都开放了 SDK 指令接口，很适合用来制作智能家居项目。

默认情况下，Yeelight 智能灯泡与物联网网关建立联系，手机通过网关发送控制指令给灯泡，实现各种效果。如果打开 Yeelight 智能灯泡的“局域网控制”功能，那么这个灯泡就可以同时响应来自局域网任一智能设备的控制指令了。发送控制指令的设备可以是电脑、手机，也可以是任何一个支持网络功能的 MCU，如掌控板、虚谷号和树莓派等，具体过程如图 2–5–2 所示。

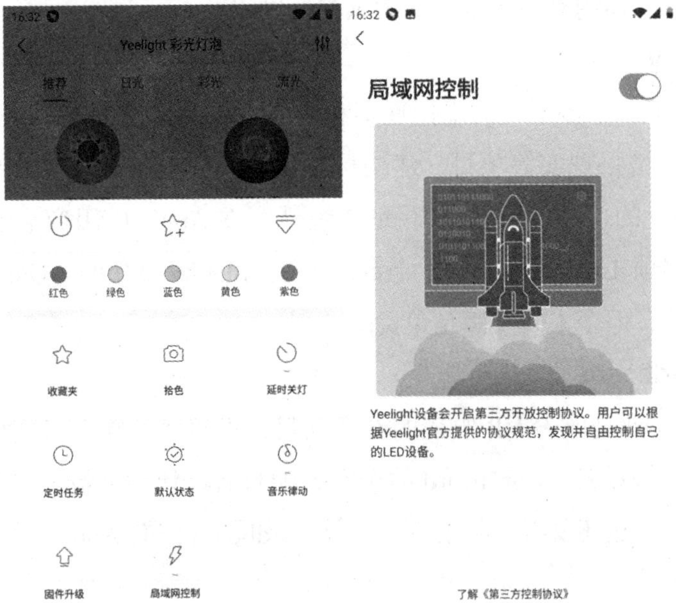

图 2–5–2　开启 Yeelight 灯泡的局域网控制功能

mPython 和 Mind+ 都提供了 Yeelight 的控制模块，可以实现开灯、关灯、调节色温和调节颜色功能。用掌控板的按键来控制 Yeelight 的状态，参考代码如图 2–5–3 所示。

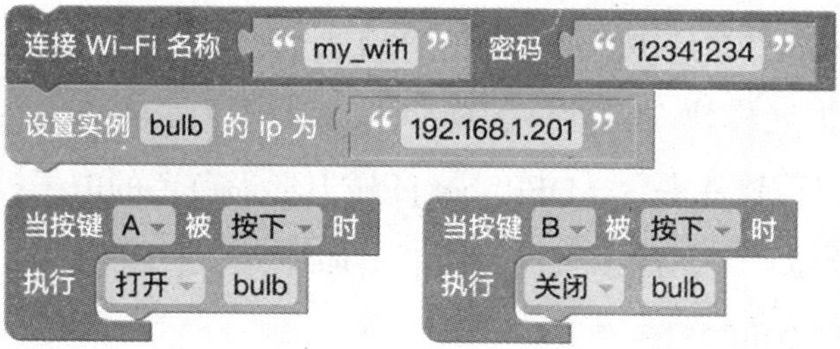

图 2–5–3 用掌控板按键控制 Yeelight 灯的代码

（二）大疆可编程无人机

大疆无人机是无人机领域炙手可热的产品，它在军用、农业及专业航拍方面具有强大的功能，在全球市场的占有率也遥遥领先。Tello EDU 是大疆专为教育领域设计的可编程无人机，如图 2–5–4 所示。Tello EDU 已经面向学校与教育机构使用，成为目前无人机科普、编程教育的重要辅助教具之一。

图 2–5–4 Tello EDU 无人机

Tello EDU 具有丰富强大的编程功能和开放的 SDK，从刚刚接受自然科学教育的小学生到人工智能专业的大学生，都可以借助 Tello EDU 来学习编程。初学者可利用可视化的 Scratch 语言，通过拉动积木控制飞行器，设定飞行器的起降、速度及翻滚等多项飞行参数及轨迹，甚至能够亲自设计翻转等“特技”动作，在“玩”中理解编程的逻辑；对于深入学习编程的用户来说，Tello EDU 则完美支持 Python、C++ 等主流编程语言，是理想的学习代码编程的平台。

RoboMaster TT 是 Tello EDU 的升级版本，开始支持传感器、执行之类的第三方扩展模块。目前，大疆将 Mind+ 作为 RoboMaster TT 的官方指定图形化编程软件平台，DFRobot 商城上形形色色的电子模块，都能应用于 RoboMaster TT，让无人机的功能更加强大。

（三）RoboMaster 机器人

大疆针对 RoboMaster 比赛，先后发布了 RoboMaster S1 和 RoboMaster EP 两款机器人。S1 是一个可以发射水晶弹的机器人，四驱麦克纳姆轮外加 Led 闪烁灯，动感十足。S1 可以进行第一视角操控，采用模块化设计，有 46 个编程控制部件，6 类人工智能编程模块，支持 Scratch 与 Python 两种编程语言。人工智能技术可以帮助 S1 识别姿态、掌声、行人、视觉标签和其他 S1，是中小学生体验和学习人工智能的平台。

相对于 S1，RoboMaster EP 增加了不少新的配件，如高性能舵机、机械爪、机械臂、红外深度传感器、传感器转接模块以及电源转接模块。通过这些传感器，EP 可以实现抓取物体（如图 2–5–5 所示）、避障测距等任务，并且能搭建出更多的造型。EP 还支持外接的第三方开源硬件，比如 Arduino、掌控板、树莓派和虚谷号等。通过和其他硬件结合，EP 可以实现更丰富的功能。

图 2–5–5　RoboMaster EP 抓取物体

第三章

创客教育的空间创建

创客空间是线下与线上融合的创新实践场。最早的创客空间可追溯到麻省理工学院在 2005 年创立的 Fab Lab，但创客空间这一词语的流行开始于 2012 年 *Make* 杂志的发行。开展创客教育，自然不能缺少创客空间，就如上体育课不能没有操场一样。校园创客空间未必要建得高大上，而是要“因校制宜”，即在具备必要的工具和材料的基础上，体现出学校的特色。

第一节　校园创客空间的创建理念

校园创客空间，顾名思义是建在校园里的创客空间，是一个学生喜欢来“玩”造物，老师喜欢来“教”造物，或者喜欢来陪学生“玩”造物的地方。在这里，学生要能找到造物的工具和材料，能找到志同道合的同学，能找到指导造物的老师。

建创客空间容易，但建一个可以长期运营的创客空间并不容易。如何让建成的创客空间成为一个人人喜欢的学习空间？这就需要我们在创建之初，就对校园创客空间进行认真设计。这里的设计包括创客空间的定位、规划和运营等。

一、校园创客空间的定位——从企业定制到适性空间

近年来，越来越多的中小学创建了创客空间，配备了许多高大上的数字化加工工具，也购买了大量用以培养学生动手能力的创客学习套件。但令人遗憾的是，大多数校园创客空间的整体设计与布局均由企业规划完成，学校相关教师在前期建设阶段参与度不高，导致建设完成的创客空间不能很好地满足校园师生的教学需求，进而利用率低下。

“适性”一词与“适性教育”密不可分。“适性教育”是一种教育指导思想和理念，而不是某一具体的教学方法或手段，是“个性化教育”和“人本教育”，跟孔子所提倡的“因材施教”异曲同工，也就是要依据孩子的个体差异以及文化背景的不同，对其进行有针对性的区别教育。“适性空间”则是一个能充分尊重学生个体差异、让学生各有所长、获得尊严并且快乐的学习空间。适性的创客空间，把学生当作学习的中心，注重个体与群体的协调发展。这也意味着教师在适性空间的角色跟以往

在传统教室里扮演的角色有所不同。

需要强调的是，“适性”一词还指这个空间和教师的能力水平密切相关。在创客教育发展初期，国内有多所名校因为经费充足而购买了一些高端的进口设备，结果教师没有能力操控那些设备，最后闲置积灰不说，还占了宝贵的空间。因此，要建设适性创客空间，一开始就需要教师的深度参与，并且思考如下几个问题。

问题一：创客空间主要用来做什么？是用于创客课程的教学，还是用于学生社团的活动或者竞赛的辅导？

问题二：每一次来创客空间参与活动或者学习的学生数量有多少？一周来几次，一次多少时间？

问题三：创客空间主要由谁进行管理？是学科教师兼职管理还是有专人全职负责？

第一个问题关注的是创客空间的用途，第二个问题关注的是规模，第三个问题则是关于创客空间的运营。这三个问题不是彼此独立的，而是息息相关的。本着“谁管理谁建设”的原则，所有的需求和规划都应该由教师提出，企业仅仅来协助。

二、校园创客空间的规划——标准配置与个性化装备并重

既然校园创客空间是学校实施创客教育的场所，那么这个空间应该具备学习、实践和展示功能。校园创客空间的基本功能区域分为三个部分：互动教学区、工具材料区、作品展示区。我们把最基本的功能区域划分和提供常见造物工具看成创客空间的标准配置，而这个空间具体配备哪些教学套件，提供哪些造物材料，都属于个性化的装备。

在不同的功能区域，需要提供不同的设备和材料。正如一个家庭的装修，统一标准的装修风格倒可以勉强接受，但是把北方的暖气装到南方的房子里，那显然就不太合适了。因而，在确定了创客空间定位的三

大问题后，就要根据具体的需求进行规划。

（一）标准配置

互动教学区是空间建设核心组成部分。如果创客空间要承担大班教学任务，那么教学区应留出最大空间，以容纳一个班级的学生学习。空间布置应相对灵活，可配备拼接桌椅、随手可画可贴的白板及便利贴等，这样更利于学生小组讨论、头脑风暴及现场制作等，如图 3–1–1 中的大空间就用于互动教学。即使不用于大班教学，也要留出相应的空间作为平时小组学习和讨论使用。

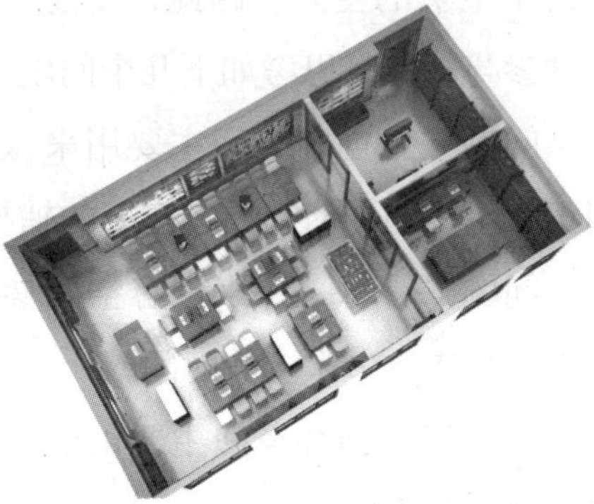

图 3–1–1 创客空间的参考布局

工具材料区用于放置各型各类加工工具，如 3D 打印机、激光切割机等，如图 3–1–2 所示。可使用工具墙来收纳如螺丝刀、尖嘴钳等小型工具，用收纳柜存放各类教学套件。在工具区，需提供标识明显的收纳和安全指导，让学生养成安全操作、物归原处的习惯。

图 3–1–2 工具材料区

工具材料区还要有一个相对独立的区域用于存放各种材料，即材料仓库。推荐使用超市中常用的货物架，可以有序地摆放各种材料。这些材料包括教学套件、扩展电子模块、激光切割用的木材、各种材质的结构件等。

分享是创客活动很重要的一个环节。在创客空间中留出独立区域，用于学生创客作品成果展示。如图 3-1-3 所示，将作品放在墙壁的展示柜里，这就是一种长期的“分享”。分享创造成果不仅能促进学生交流、开阔学生眼界，更能帮助学生树立创造信心。作品展示区中的作品，一开始可以用购买的典型创客作品，实施创客教育后，很快就会有学生的作品产生，要尽快将企业的作品更换为学生的作品。

图 3-1-3　创客空间的墙边柜用于展示

创客空间鼓励学生动手使用各种金属、木质材料、塑料甚至电子工具进行创作，将想法转变成现实，所以 3D 打印机、小型车床、焊台等工具是标配。智能化作为创客研究的主要方向，Arduino、掌控板之类开源硬件是创客空间中不可或缺的基础器材。

（二）个性化装备

个性化装备的配置主要根据空间定位的具体需求而定。

首先，若是将创客空间作为大班教学的场所，那么需配备相应数量的桌椅、电子类套装。创客教师要根据学生的年龄、自己的技术特长来选择合适的教学套件。

其次，确定创客空间的管理者和主要运营人员以后，应根据运营人员的需求去配置相应器材，而不是直接根据公司定制的套装内容进行简单购买。创客空间的建设不能是一步到位的投入，而要看成一个长期开展的工作，根据学生创客项目的实际需求不断更新设备。

再次，根据创客空间的功能定位，去采购需要的设备。若是作为竞赛指导场所，则可购买相应的竞赛器材；若是作为选修课、社团的开设场所，则根据实际选修课程内容、社团活动内容去做相应采购。

三、校园创客空间的运营——日常管理与特色活动相结合

“运营”指运作和营收，即通过利用各种运作手段获取持续的营收，这是社会创客空间中常用的名词。校园创客空间不用考虑“营收”的问题，选择用“运营”一词，是为了强调校园创客空间的创建，并不仅仅是建一个空间，还包括日常的管理，以及如何组织创客活动才能吸引更多的学生参与，进而提高创客空间的使用率等。

从社会创客空间的定义上看，创客空间除了指物理空间之外还包含了一个虚拟的空间，即一个通过网络联系的社群。校园创客空间可以借鉴这一理念，帮助学生成立创客社团，让他们开展自组织的各种活动。

创客空间在空间定位、空间建设方面需校方提前规划、参与。在空间建设完毕、正常运营的过程中，也需要空间师生共同的日常管理以实现其高效运转。比如，某中学有多位教师轮流值班，并安排了创客空间的骨干成员为志愿者，协助教师管理创客空间。创客空间平时仅对学生会员和开源硬件、三维设计等相关创客课程的选修学生开放，以项目学习方式开展创作活动。

（一）日常管理

如果创客空间中要开设大班教学的课程，那么空间的日常运营也包括大班课程的正常开设。创客教育作为一种典型的跨学科教育，融合了STEAM教育的内涵，需要多个专业的师资共同支持，传统的单一学科教师作为指导师已远不能满足支撑空间正常运转、指导学生项目学习的需要。

大班课程的开设对空间运营教师提出了更高的要求。这类教师需要根据自己的跨学科研究方向开设选修课程、举办讲座、发起与学生兴趣相符的项目研究，在基础知识与研究性学习相结合的学习与教学中不断丰富教学实践，培养学生开放性思维以及发现问题并动手解决问题的

能力。

温州中学和深圳第二高级中学很相似，创客空间的常驻教师包括技术组的信息技术和通用技术老师，流动指导师有大学教育技术相关专业的研究生。同时，国内经营开源硬件的知名创客类公司会不定期派遣专业创客来校做讲座以及做 Workshop 活动，毕业了的学生创客和精通电子电焊方面的学生家长偶尔也会作为创客空间客串指导师。

（二）特色活动

此外，各校创客空间也可以根据自身实际情况开展特色活动，如一周组织一次小规模的会员交流活动，一个月组织一次面向全校学生开放的展示活动，一年组织一次校园创客嘉年华活动等。（关于创客活动的组织，在第四章将做具体介绍。）

特色活动面向的对象可以扩展到全年级、全校，甚至于周边学校，这对提高本校创客空间影响力、吸引更多创客爱好者在空间进行感兴趣并适合自己的项目活动有很大帮助。适性创客空间更有利于适性教育的产生，使校园创客空间真正发挥其作用。在这样的空间里，学生产生“造物”的意愿，然后使用创客空间提供的工具将创意物化，结识一批志同道合的学生创客，校园生活将是何等的美好快乐啊。

第二节 国内校园创客空间案例

受国内创客运动的影响，2013 年左右，我国部分中小学开始建设校园创客空间。早期的校园创客空间主要分布在北京、深圳和温州等地。本节分别选择了高中、初中、小学多家校园创客空间的创设与运营案例，并重点分析了温州中学创客空间，以期给其他在建或者要建创客空间的学校提供示范经验。

一、校园创客空间案例展示

早期的创客空间一般是由其他功能教室改建而来的，比如温州中学创客空间的前身是机器人实验室，深圳市第二高级中学创客空间的前身是通用技术实验室，之后因为规模扩展而原地扩建或者迁址新建。而更多学校的创客空间则是全新建设，如郑州市第 31 · 103 中学、赣州龙南县思源实验学校等。但是不管使用哪一种方式建设，提供造物工具、提供实践场所、提供交流平台是每一个创客空间都具备的功能。

（一）深圳市第二高级中学

深圳市第二高级中学创建于 2007 年，是广东省一级学校、广东省国家级示范性普通高中。学校地处深圳高新科技产业带，毗邻深圳大学城科技园，距离深圳柴火创客空间仅 1 千米，具备优质创新创意氛围与高新科技环境。

2012 年一次偶然的机会，深圳二高师生参与了深圳柴火创客空间的“自动浇花装置”分享沙龙。在这次沙龙中，各种极富创造力的创客作品，深深吸引了到场的老师和同学们。回校后，他们率先将创客文化引进校园，成立首个创客社团。经过一年的探索，“二高创客空间”正式挂牌，成为国内最早成立的校园创客空间之一。

如今，二高创客空间已从刚成立时的 90 平方米扩展到 600 多平方米。学校在原有的实验室里增添设备，改变实验室的功能，方便开展创客教育。创客空间划分为原型制作区、物料存放区、作品展示区、头脑风暴区、教学区、项目孵化区、图书角、媒体区共计 8 个功能区，部分区域如图 3-2-1 和图 3-2-2 所示。

深圳二高创客空间拥有庞大的师资团队和学生管理团队，如周茂华、秦峰老师是全国知名的创客教师。

图 3-2-1　头脑风暴区

图 3-2-2　作品展示区

（二）郑州市第 31 · 103 中学

郑州市第 31 · 103 中学是市直属完全中学、市级示范性高中。为丰富人才培养渠道、积极探索“做有未来的教育”的实践路径，从 2015 年 9 月开始，学校着手进行创客空间的构思、论证和建设。2017 年 1 月，创客空间的建设基本完成并正式投入使用，面向全校师生和有志于创造创新的社区居民开放。

学校将创客空间定名为“墨子空间”。空间共包括“墨智”“墨帆”“墨造”“墨艺”“墨工”“墨科”“墨术”“墨辩”等多个空间模块，如图 3-2-3 所示。墨子空间的每个模块对应一个创客项目，每个项目又对接一个创客社团，有至少一位创客团队的老师负责运营维护，最终形成一门创客课程。墨子空间的建成、创客课程的开设，大大激发了学生的学习兴趣，开阔了学生的思路，培养了学生的求知意识、探索精神、动手能力和执着态度。

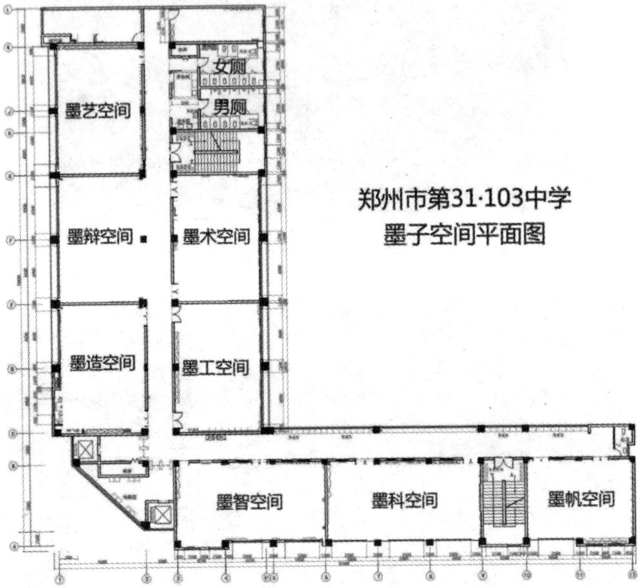

图 3–2–3　墨子空间的布局

在墨子空间投入使用初期，学校就面向全体老师招募创客教师，最终形成了以信息技术、综合实践活动、通用技术、体音美等学科 / 课程为主的创客教师团队，整合了其他学科 / 课程有意向从事创客教育的老师。该创客团队已经连续 3 年面向起始年级（七年级、高一年级）全体学生开设每周一节的创客通识课程。

（三）佛山大良顺峰初级中学

佛山市顺德区大良顺峰初级中学是一所新建的全日制公办初级中学。学校于 2016 年上半年开始建设创客空间，并命名为“和创美客”中心，用于开展 STEAM 课程和创客活动。

“和创美客”中心位于和馨楼与和乐楼的六楼，分为工程技术区、创客教育工作室、人文艺术和互联网＋课室等四个区间。工程技术创客区共有和云格、和星格、和宇格三个创客实验室，每天在固定时间开放。和宇格开设“3D 打印和动漫设计”课程，利用 3D 打印技术和开源硬件来实现创意的设计。和星格是机器人创新实验室，是顺峰中学机器人校队活动的地方。和云格开设机器人普及教育课程和电子创客课程，引领学生进入现代科技领域，利用电子元器件实现智能化创意，解决实际问题。

（四）赣州龙南县思源实验学校

龙南县思源实验学校是新建的九年一贯制公办寄宿学校。学校以科技创新教育为核心，构建融创新、创客、AI 教育为一体的科技创新教育课程体系，建设了客家创新探索实验室，通过配套的创新设计以及开源硬件创新课程，让学生体验从一个创意产生到完成设计，最后将创意变为现实产品的全部流程。

客家创新探索实验室的空间布局合理，基础设施安全专业。空间分为教学与探究区、展示区、小型阅览区、储物区、操作区（制作区、实践区）、机器人实践区等区域。

（五）广州方圆实验小学

广州市白云区方圆实验小学是一所民办小学。学校从一年级起开设信息技术课，确立了“创新、互助、乐享、智造”的创客教育理念，以培养学生创新思维、创新能力、创造精神和动手实践能力为目标，全面开展创客教育，把创客精神融入学校工作中，融入学生成长中。

2016 年，学校第一版创客空间模仿广州市教育信息中心红棉创客空间（第一版）的模式，以实用性为主，采用高性价比的低配置方案 DIY 建设完成。创客空间的左边是工具和材料的存放区，还有一些作品的展示区，后面是创客文化展示区，边上是工具墙，中间是 3D 打印区和创作台，最右边是编程用的计算机，最前面是一个校园足球项目的训练场，如图 3–2–4 所示。

图 3-2-4　方圆实验小学第一版创客空间

图 3-2-5　方圆实验小学“小工匠”创客空间

2018 年由于学校发展，原教室要用于常规课堂教学，故另行寻址重新建设了第二版创客空间——面积约 100 平方米的“小工匠”创客空间，如图 3-2-5 所示。新创客空间主要以“科技为人类美好生活服务、人类与自然和谐相处”为主题，用于开展创客教育。

学校目前配有 4 名专职信息技术教师，创客室的负责人简子洋老师是广州市特约教研员、名教师培养对象。在信息技术组的引领下，科学、美术等学科教师加入学校创客课程建设、教学，班主任和其他学科教师也积极参与学校创客活动的组织和管理，鼓励学生积极参与创客课程的学习和活动。

（六）浙江省平阳县昆阳二小

浙江省平阳县昆阳镇第二小学是一所公办小学，创办于 1906 年。学校长期重视现代教育技术在深化教学改革方面的重要作用，是浙江省现代教育技术实验学校、全国中小学信息技术创新应用示范学校。

2015 年，昆阳二小建成师生创客活动专用场地“创客吧”。“创客吧”由普通教师办公室改造而成，增加了必要的创客器材和加工设备。2017 年学校获得专项经费，于是将“创客吧”旁边的机房改建为创客空间，添置了新的设备。创客空间就是在机房的基础上增加了开源硬件方面的教学套件，空间后面设置了一排架子，进行创客作品和工具的展示与摆放。加工设备则放在原来的“创客吧”中。

学校信息技术师资力量强大，共有专兼职教师 5 人，其中市教坛新秀 2 人，市骨干教师 1 人。在信息技术组的引领下，科学、美术、音乐、语文、数学等学科教师加入学校创客课程建设和教学，班主任和其他学科教师还参与创客活动的组织和管理。2015 年，学校入选全国 M35 青少年创客教育联盟首批会员，2020 年又被评为全国青少年人工智能活动特色单位。

二、校园创客空间的个案分析

温州中学 DF 创客空间的前身是学生社团科技制作社的活动室，始建于 2008 年。2013 年 8 月，在国内知名创客李大维的建议之下，学校向空间内添置了部分加工工具，并将该场所对全校师生开放，进而温州中学创客空间正式宣布成立。之所以取名为“DF 创客空间”，一是因为得到了知名创客企业 DFRobot 的支持，二是认同“Drive the Future”（缩写为“DF”）的理念。

（一）空间定位和历史

温州中学创客空间作为一个开放实验室，有加工车间、工作室功能。如图 3-2-6 所示，创客空间并不大，最初面积不足 40 平方米，后期虽然经过原址扩建，面积依然不大，平时不用于教学，仅用于课余时间对所有学生开放。

图 3-2-6　学生在原创客空间活动的情景

创客指导师通过各种创客分享活动，鼓励不同班级、不同性别的学生观察生活、发现问题、研究跨学科的综合性实践项目，在交流创意动手实践的过程中，提升技术水平以及解决问题的能力。

（二）环境建设与空间布局

环境建设分为隐性环境（无线覆盖、空气质量、空间舒适度）、显性环境（专用工具、通用工具）、空间规格（空间大小、区域划分）三大方面。

就隐性环境而言，DF 创客空间位于科技楼四楼，空间通风好，采光足，舒适度较高。

就显性环境而言，DF 创客空间有 3D 打印机、小型激光切割机、数控机床等专用加工工具，方便学生将电子世界与实际物理世界连接起来，且学生使用时有指导师在旁边指导，以确保安全；也有 Arduino、掌控板、树莓派、虚谷号等多种开源硬件平台，用于学生的项目研究、实际开发创造或者教师演示；同时，热熔胶、热缩管、电烙铁、电钻等通用材料及工具，在学生造物过程中经常被用到，使用频次高。创客空间的器材是根据课程开设和学生造物的需求逐年添置，2013 年时器材很少，主要配置如表 3-2-1 所示。

表 3-2-1 温州中学 DF 创客空间的器材清单（2013 年）

项目	名称	数量
电子	Ardunio 学习套件	10 套
	互动媒体技术学习套件	16 套
	创意机器人学习套件	16 套
	Scratch 测控板、酷乐宅、Kinect、Makeblock、Yeelight 套件、树莓派套件、pcDuino 套件等	若干
加工	小型焊台	1 个
	手持多功能电钻	1 个
	多用锯套装	1 套

续表

项目	名称	数量
检测维修	数字示波器	1 台
	实验室工具套装	3 套
	防静电工作台，大小为 180 cm × 80 cm × 75 cm	4 张
展示 / 收纳	3D 打印机（桌面型）	2 台
	激光打印机	1 台
	公用电脑	2 台
	大屏幕电视机	1 台
	不同规格的透明储物盒	30 个
学习	《Arduino 创意机器人》教材及配套网络课程、各种创客视频	若干
	各种创客书籍（含《爱上制作》系列、清华大学科技创新丛书系列、人民邮电出版社创客教育丛书）	若干

新扩建的创客空间总体布局如图 3-2-7 所示。创客空间约 60 平方米，平时可以容纳 20 人左右开展活动，以开源硬件的程序编写和日常交流为主。创客空间旁边有一个微格教室（小型会议室），可供参与项目研究的同学进行小组分享交流，或者做面向全校 / 全市的创客演讲、学生作品展示等使用。

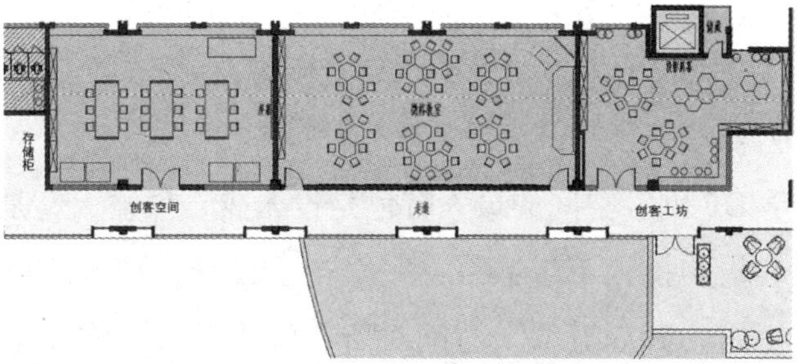

图 3-2-7　温州中学创客空间布局

微格教室旁边是创客工坊，如图 3-2-8 所示，一般用作基本技能训练场地，如焊接、电子电路搭建等。创客空间下方三楼是学生机房，因而大班教学基本上利用学生机房开展。教学套件则存放于机房之间的小仓库中。

图 3-2-8 新创客空间的创客工坊

（三）制度建设和日常管理

创客空间的制度建设包含活动计划表（活动规划）、资产管理表（耗材记录、产品购买记录、产品使用记录）、活动记录表（校内活动记录、校外活动记录）等。DF 创客空间活动规划由创客指导师以及校园社团科技社社长在每学期开学之初共同制定，资产管理表由创客指导师完成，活动记录表则由专人在新浪博客上予以记录。

“不能玩游戏”是 DF 创客空间的一条重要制度。在创客空间里可以设计游戏，但不能玩游戏。有几种情况是例外，其一可以玩编程游戏，如“极客战记”“我的世界”等；其二可以玩自己或者同学设计的游戏；其三可以设计与游戏相关的辅助装置。学生为了让自己不受游戏的诱惑，甚至将大部分的电脑安装了 Linux 系统。

DF 创客空间指导师队伍来源不同、专业不一。指导师的任务主要是确保创客空间有人管理，又能帮助学生解决一些硬件上的问题，还能拓展学生的视野。温州中学的学生编程能力一般都很好，相对来说对金工、木工之类的器材比较陌生，动手操作能力较弱。

（四）成果与特色

温州中学 DF 创客空间的最大特色是投入少、效益大，是一种可复制的创建方案。最初投入不过数万，完全自主设计，部分装修由师生动手完成，坚持每周一到周五课余时间对所有学生开放。多年来，温州中学 DF 创客空间吸引了一批又一批对科技实践充满兴趣的学生，他们在创客空间中得到了各方面的锻炼，创新实践能力突出。虽然创客教育是面向全体学生的普惠教育，但总有部分学生能够在高校自主招生中脱颖而出。这些学生的学习目标明确，毕业后大都在国内外知名的理工类高校就读。

作为国内创客教育的典型案例，温州中学的创客空间接受了国内众多课程专家的考察研究，如北京师范大学国际比较教育研究院的曾晓洁博士、南京师范大学的钟柏昌教授等。据不完全统计，截至 2016 年 3 月，国内所有以创客教育为关键词的论文，有半数以上引用了温州中学案例。2016 年，温州中学 DF 创客空间入选《中国创客教育蓝皮书 2015》（清华大学发布）的中国六大创客空间，同时，作为《2016 新媒体联盟中国基础教育技术展望：地平线项目区域报告》中唯一入选的国内校园创客空间案例，还收录在《中国创客教育蓝皮书（基础教育版）》（梁森山著）和《全国中小学创客教育发展报告 2018》（钟柏昌著）中。

学校先后接待了上百次来自全国各地的教育考察团。《半月谈》《中国教育报》《人民教育》《中国教师报》和《南方周末》等知名媒体多次报道或者刊发案例。2016 年，学校获浙江省基础教育教学成果一等奖，2017 年获第三届中国教育创新成果公益博览会 SERVE 大奖，2018 年在教育部教材局组织的“中小学综合实践活动课程建设专题培训班”中作为典型案例展示。

第三节　低成本创客空间的创建

温州中学 DF 创客空间在扩建之前，是一个典型的低成本创客空间。但遗憾的是，很多到温州中学参观学习的教育代表团，回去后建设的创客空间却非常“高大上”，少的数十万，多的数百万，甚至有耗资上千万的。因而《中国教育报》曾经发文（《创客教育不能“大跃进”》）呼吁

“创客教育倡导使用开源器材，充分利用学校现有的机房、通用技术实验室等，需要的经费不见得多就是好”，并且指出“温州中学的创客空间很简陋，同样能把创客教育做得红红火火”。

一、创建低成本创客空间的理由

创客教育应该是基础教育的一部分，而不是所谓的特色教育。因而，创客空间应该和操场、图书馆、实验室一样，成为学校的基础设施。创建低成本创客空间的理由主要有以下两点：

（一）从教育均衡的角度看，低成本才能普及

我国是一个区域经济发展很不均衡的国家，一些经济发达地区的名校向来不缺建设经费，而一些农村偏远地区学校可能连基本办公经费都难以保障。如果创客空间的建设动辄需要数十万，那么就意味着有相当一部分的学校是没有条件实施创客教育的。

此外，创客教育强调开源，一旦建创客空间的成本很高，那“开源”就失去了意义。就如我们即使拿到了宫廷御膳的菜谱，但原料的价格昂贵或者无处购买，普通家庭依然无福享受。教育要公平均衡，如果优质的教育只能让部分人享受，这就不符合我们国家的教育政策导向。实际上，开源运动之所以短时间席卷全球，开源硬件的低价是重要原因之一。

（二）从创客教育的特点看，创建成本并不高

受创新实验室或者特色教育场所建设的影响，似乎很多人也习惯了将特色教育和昂贵的价格之间画上等号，甚至会用价格来衡量“教育价值”。但创客教育不一样，创客是面向全球消费者，不是仅仅为教育定制的，因而价格本来就不高。以传感器为例，一般来说机器人套件（特指学生比赛用的机器人）或者数字化实验室中传感器的价格都在一百到数百元之间，而开源硬件中的传感器价格一般在十元到数十元之间，功能相近，价格相差近十倍。从温州中学的创客空间建设实践来看，普通规模的学校建一个低成本的创客空间，只需要数万元。

创客空间的创建成本虽然不高，但是需要长期投入。谢作如和刘正云在《做一个灵小可复制的校园创客空间——以温州中学为例》一文中这样总结：

> 创客空间的运营需要维护成本。创客空间应该像图书馆、篮球场一样，坚持在课余时间开放。作为学生“造物”的场所，创客空间需要不断购买一些耗材，供学生研究使用，还要根据学生的研究需要，购买一些个性化的器材。

二、低成本创客空间的建设方案

相对于传统的教育装备来说，开源硬件的性价比很高。以机器人为例，在性能相近的前提下，传统的教育机器人价格要比基于开源硬件的机器人高好多倍。虽说如此，但教育市场有时很复杂，涉及采购等流程，当创客教育的器材从 To C（Customer，指终端用户）转向 To B（Business，指商户）后，中间环节一多，价格又提升上去了。

本书前文介绍了一线教师发起“虚谷计划”的过程。回顾“虚谷计划”的初心，除了推广国产创客教育方案外，还有一个重要的原因，那就是设计性价比更高的创客教育产品。“虚谷计划”组委会常常使用这样的类比：创客教育中需要一些性价比很高的基础器材，就如出外喝水一样，钱带得多可以选择贵的矿泉水，钱带得少可以买便宜的矿泉水，那么经费多的学校可以买很贵的专业器材，经费少的学校可以选择“虚谷计划”的开源硬件，二者都能实施创客教育，达成让学生学习造物、实践造物的教育目标。

“虚谷计划”中的开源项目，都在为低成本实施创客教育而设计。如掌控板的定价参考 To C 市场，直接面向终端用户，99 元的价格远低于同类产品。再如，“乐造模块”采用激光切割木质结构件的方式，解决结构件太贵的问题。因为常用的乐高积木比较贵，而用于激光切割的木质材料很便宜，A4 大小的奥松板仅数元钱。

下面提供两个具体案例，一个是物联网教学套件，一个是创客空间方案，供读者参考。

案例一　物联网教学套件

之前学校要实施物联网教学，建一个物联网实验室至少要二三十万，现在“虚谷物联”项目给出一个很好的方案，如表 3-3-1 所示。

表 3-3-1　虚谷物联的物联网教学套件设计

类别	设备名称	价格 / 元	数量
硬件	掌控板	99	16 块
	扩展板	35	16 块
	USB 连接线	10	16 根
	舵机	25	16 个
	温湿度传感器	35	16 个
	人体热释电红外传感器	25	16 个
	简易继电器模块	50	16 个
服务器软件	SIoT 或者 Easy IoT	0	
编程软件	Mind+（小学） mPython（小学或者初中） BXY（初中或者高中） Python（初中或者高中）	0	

按照 2 个人一套计算，表格中的数量能够一次满足 30 人的班级使用。整个教学套件的价格算起来还不到 5000 元。而这个教学套件小学、初中和高中都可以使用，能够完成物联网学习中的绝大多数实验。

案例二　农村创客空间方案

“虚谷计划”组委会曾经设计过一个面向农村学校的创客方案，总价不到 2 万元，如表 3-3-2 所示。

表 3-3-2　农村创客空间方案

类别	名称	数量	金额 / 元
开源硬件	掌控板（裸板）	40 块	4000
	掌控板周边传感器套装（扩展板、舵机、声音、光线、温湿度）	30 套	4500
	麦昆机器人	10 套	1680
造物工具	3D 打印机	2 台	6000
	螺丝刀等工具箱	一批	1000
造物耗材	乐造模块套件（木质结构件）	100 套	1000
	3D 打印机线材（PLA），100 元 / 千克	10 千克	1000
其他辅助	无线路由器	1 个	200
		总计	19380

表中的器材看起来并不多，但已经能够支持“Mind+ 互动编程”“Max:bot 机器人”“3D 建模和打印”“物联网和智能家居”之类的常见课程教学了，也能支持学生体验基础的造物。当然，这里的清单不包括电脑。这是基于机房而设计的一种创客空间方案，非常经济实用。如果再加 2 万元，推荐购买一台雷小宇激光切割机，那么学生造物的材料就不用愁了。如果电脑不够，还可以选择虚谷号，配合二手的液晶显示屏和鼠标键盘，一台电脑的费用不足千元。

需要强调的是，不能仅仅以低价作为选择开源硬件的唯一理由。比如网络商城中有些开源硬件或者开源硬件学习套件的价格特别低，但并不推荐购买。其一，卖方不提供任何质保服务，一旦发货就不管了，这对教育来说很不合适。其二，这些学习套件往往不是为教育定制，而是为电子爱好者设计。有个真实的案例，我国东部某县采购了上千套不足百元的 Arduino 学习套件，里面配的是面包板和跳线插针。这种采用插针的学习套件定位应该是高校实验室，在中小学根本没法用。果然，这批套件不仅闲置在各校的创客空间，还“伤害”了一线教师学习创客技能、实施创客教育的积极性。

当然，推广低成本创客空间，并不等于要抵制一些价位较高的教育装备产品。对于一些新颖的教育装备的定价，的确不能仅仅看生产成本，因为研发、推广的成本往往很高。

第四章

创客教育的活动组织

创客教育源自创客活动，而创客活动本来就是自发性、自组织的社会活动。经过这些年的发展，很多创客活动都逐渐衍生出校园版本。比如，上海创客嘉年华联合猫友汇推出了校园创客嘉年华活动，本来面向社会的“创客马拉松活动”开始接受中小学的参赛选手，教育部举办的中小学电脑作品制作活动中也增加了“创客项目”……

第一节 社会创客活动

自 2011 年上海新车间成立后，我国的社会创客活动很快就开展起来。推动国内创客运动的力量主要来自四个方面，分别为国内各大创客空间、开源硬件企业、国际 IT 企业和部分理工类大学。早期的创客空间主要有上海新车间、北京创客空间、深圳柴火创客空间等。开源硬件企业主要是上海 DFRobot（智位科技）和深圳 Seeed Studio（矽递科技）。国际 IT 企业有 Intel、IBM 和联发科技等。理工类大学主要有清华大学、同济大学和西南交大等。经过多年的发展，有影响力的创客展示交流活动主要分为创客嘉年华和 Maker Faire 这两类，创客比赛类的活动一般采用创客马拉松形式进行。

一、创客嘉年华

创客嘉年华（Maker Carnival）是一个创客品牌活动名称，在哪个城市举办就冠上该城市的名称，如北京创客嘉年华、上海创客嘉年华、南京创客嘉年华等。其中规模最大、影响力最广的是上海创客嘉年华，自 2012 年已连续举办 9 年，是国内最早也是规模最大的创客盛会之一。该活动汇聚了全球极具创意的科技项目，通过展示、论坛和工作坊等多种形式，让公众近距离体验创客文化。

创客嘉年华的举办轨迹，可以看作中国创客文化发展的缩影。DFRobot 的创始人叶琛博士早年第一次去美国参加 Maker Faire 时，被各种大开脑洞的项目所震撼，随即从 2012 年起，联合创智天地、新车间举办了第一届上海创客嘉年华。之后，DFRobot 旗下的蘑菇云创客空间和创智天地达成共识，将每年 10 月的第二个双休日定为上海创客嘉年华的举办日，共同举办至今。

（一）上海创客嘉年华的历程概述

2012 年上海创客嘉年华规模很小，一共 20 多个展位，1000 多人参与。活动只安排了半天，展示的也只有 3D 打印机、无人机和工程师们自己做的一些简单作品。当时“双创”之风刚刚兴起，对于以玩乐为重心的创客嘉年华活动，大家觉得十分好奇，媒体的关注度很高。

2013 年上海创客嘉年华有 60 余个团队参与，创客大家 Mitch Altman 和 Arduino 的创始人 Massimo Banzi 都来现场分享他们的经验。但是创客圈子依旧不大，国内普通大众并不知道创客是什么。到了 2014 年，创客教育的话题开始兴起，活动规模就比较大了。Intel 在嘉年华上首发了 Intel Edison 芯片，《认知盈余》的作者 Clay Shirky 进行了分享。2015 年的活动得到了许多大企业的支持，共吸引了 200 多名展商、1 万多名观众。来自日本的新锐设计和表演团体明和电机（Voice Mechanics）带来了风趣诙谐的即兴表演，还有四轴飞行器和黑鹰直升机、360 航模的飞行器大赛、好莱坞大片《铁甲钢拳》的现实版机器人，吸引了众多爱好科技的年轻人。

2016 年之后，上海创客嘉年华活动响应“全国双创周”的号召，开始在活动中通过网络视频进行实况直播。每一年的活动都能吸引来自全国各地的百余家参展商，参展项目涵盖电子、环保、生物、文化等各方面，通过展示、论坛、工作坊等多种形式，鼓励公众亲身体验酷炫科技、参加趣味游戏、体验手工与科技的结合，启发人们的创意思维。此外，来自不同国家的机器人和创客团队在此集结，展出了很多经典创客项目，如日本明星创客机器人乐队 Robot Band、哈利·波特魔法系 Ext-Broom 飞天扫帚等互动艺术装置。

（二）上海创客嘉年华中的教育元素

上海创客嘉年华活动一直关注教育。自 2013 年 7 月创客嘉年华活动发起人叶琛博士参加了温州的 STEAM 教育创新论坛后，就向教师们发出邀请，在 2013 年 10 月的上海创客嘉年华活动中，谢作如、吴俊杰等人在“创客大讲堂”中做了题为《创客文化和 STEM 教育》的演讲。

从 2014 年开始，上海创客嘉年华的论坛正式分为创客趋势论坛和创客教育论坛，成为日后创客文化的两大分支。其中创客教育论坛委托猫友汇来举办。论坛每年设定一个主题，邀请国内知名教育专家和创客教育者参加。上海师范大学的黎加厚、北京师范大学的傅骞、天津师范大学的唐耀辉、杭州师范大学的钱旭鸯等专家先后参加论坛并做主题演讲。

2019 年创客嘉年华的创客教育论坛升级为“未来课程设计国际高峰论坛”，由中国电子学会现代教育技术分会和创客嘉年华组委会联合主办，温州市教育局、猫友汇等联合承办。荷兰信息技术教师协会主席 Ramon Moorlag、日本青山学院大学阿部和广、上海市“双名工程”导师余安敏、中国书画国际大学常务校长杭舟、北京教育学院于晓雅、温州市教育局朱景高、中国台湾 CAVEDU 教育曾吉弘、中国澳门镜平中学蔡镖等专家学者在论坛上分享了自己的观点和研究成果。

高校团队一直是上海创客嘉年华的重要参与力量。从 2014 年开始，国内中小学开始有团队参与嘉年华活动，展示学生的创客作品。此后，猫友汇每年都会组织国内数十所中小学前来参展。国内中小学的创客教育成果走出象牙塔，开始与社会接轨。

二、Maker Faire

Maker Faire 是美国 *Make* 杂志社举办的全世界最大的 DIY 聚会，是一个展示创意、创新与创造的舞台，是一个宣扬创客文化的庆典，也是一个适合一家人同时参加的周末嘉年华。Maker Faire 的足迹遍布全球，美国、加拿大、英国、日本等国家都会举行不同规模的聚会。深圳柴火创客空间得到 Maker Faire 官方授权，以主办方的形式，从 2012 年起开始举办深圳 Maker Faire，即 Maker Faire 活动的中国版，吸引了来自全球的创客和团队参展，集中展示来自全球范围内，涵盖开源硬件、可穿戴设备、机器人、3D 打印等领域的最新创客作品。活动还会架设公众舞台，邀请现场参展的优秀团队宣讲创新产品，并举办创客主题论坛、主题表演秀等活动。

（一）深圳 Maker Faire 的历程概述

2012 年是首届 Mini 级别的深圳 Maker Faire，只有不到 1000 人入场，主要参与人员是来自矽递科技海外合作团队的 30 多个创客团队。这次活动更像是一个小圈子内的聚会，但它让人们看到了创客社群里涌现的无限可能。

2013 年深圳 Maker Faire 迎来了第一个企业合作伙伴 PCH International，国内最大的 IT 社区 CSDN 创始人蒋涛等也加入跨界交流的行列并在活动中做了演讲。2014 年深圳 Maker Faire 的口号是“与中国创新（Innovate with China）”，活动规模较之前有了大幅提升。这一年的活动与招商地产合作，Intel、长虹、大疆、华强集团等企业开始加入，有了专业的独立论坛。活动结束后，政府开始注意到创客群体创新的力量，于是创客进入大众视野。

2015 年深圳 Maker Faire 的口号是“人人都是创客，你还在等什么”。年初在柴火点起的“大众创业、万众创新”之火在此次活动中延续。活动会场成为深圳国际创客周主会场，参与的创客团队有 230 余个，3 天到场观众 190 000 人次，成为国际最大的几个 Maker Faire 之一。这一年，“创客”提升到国家层面，创业的热潮席卷全国。随后几年，Maker Faire 都作为全国创客的盛会，聚集了越来越多的创客，他们希望在 Maker Faire 这个平台展示不同的社区、人群协作共创的故事和项目。

（二）深圳 Maker Faire 中的教育元素

和创客嘉年华一样，Maker Faire 也一直关注教育。2014 年的 Maker Faire 论坛主题是“创客与教育”，主办方邀请了美国小创客 Joey Hudy、新加坡科学中心的 William Hooi、纽约大学上海分校的 Marianne Petit，以及国内创客教师谢作如和吴俊杰等嘉宾来探讨一些与教育相关的创客话题。谢作如和吴俊杰的演讲《创客教育，酝酿一场新的边缘革命》是唯一的中文演讲。

2015 年的 Maker Faire 正式引入创客教育概念，在活动中单独设立创客教育论坛，发布柴火创客教育品牌并免费援助 200 所学校建设校园创客空间。教育部教育装备研究与发展中心的刘诗海、浙江大学的翁恺、同济大学的孙效华、北京师范大学的李亦菲，以及创客教育专家委员会的一线创客教师应邀参加论坛并做演讲。2018 年，Maker Faire 活动中加入了全国创客教育优秀工作者评选，同时还举办了“Arduino 中国校园行”活动。

三、创客马拉松

创客马拉松（Hackathon/Makeathon）也称黑客马拉松（简称黑客松），是一种典型的创客比赛形式。创客马拉松不是让创客去跑步，而是现场设计一个创客作品。之所以叫作马拉松，是指比赛的时间很长，通常为 48 小时。创客马拉松的举办方提供不限量的食物和饮料，还提供造物需要的材料、设备。现场开题后，创客们不分昼夜地完成一个项目的所有设计与开发。评委会根据项目的创新性、实用性、艺术性、完整性、商业价值等各方面进行打分。

每个参加创客马拉松的团队一般有 3 到 5 人，分别负责创意输出、机械结构设计、软件设计以及 PPT 演讲。项目设计者及开发者的重要性自不必说，而演讲者之所以重要，是因为他负责创客马拉松的最后一个环节——路演。路演，指的是通过现场演示的方法，引起目标人群的兴趣，吸引他们的关注。在创客马拉松比赛中，目标人群就是评委。

国内比较有影响力的创客马拉松活动有教育部举办的中美青年创客大赛，雷锋网等举办的全球创客马拉松。很多大学和企业发起创客马拉松或者类似创客马拉松的活动，如 The Hack、SegmentFault 和 Startup Weekend。

（一）中美青年创客大赛

中美青年创客大赛（China-US Young Maker Competition，CUYMC），肇始于2014年，正式成立于2015年，由中华人民共和国教育部主办，中国（教育部）留学服务中心、清华大学等单位承办。首届大赛以“共筑梦想”为主题，后面几届则以“共创未来”为主题，倡导参赛者关注社区、教育、环保、健康、能源、交通等可持续发展领域，结合创新理念和前沿科技，打造具有社会和产业价值的全新作品。

大赛主办方期望通过比赛的形式促进中美两国创客文化与生态的建设，助力中国创客创新社区及众创空间生态环境的不断优化，为两国青年搭建交流沟通的平台，推动中美两国青年创客在创新领域的深度交流，进而加强两国在青年层面上的文化交流与沟通。

首届中美青年创客大赛于2014年5月启动，在中美两国部分地区开展6场选拔赛（美国2场，北京、上海、深圳、成都各1场），要求参赛团队为中美创客混合组队，强调合作和分享精神，参赛人数超过400人。2014年7月，中美青年创客大赛总决赛在河北廊坊举行，近150名中美青年学生，通过近2个月的选拔，混搭组成30支队伍，争夺大赛终极奖项。首届大赛的成果纳入了第五轮中美人文交流高层磋商机制成果清单。

（二）全球创客马拉松

全球创客马拉松和创客马拉松不同，前者是一个品牌活动，由雷锋网发起，而后者是一种活动的形式。在赛制上，全球创客马拉松要求创客团队在54小时内完成智能项目“从0到1”的过程。开发过程中，创客团队以3—5人为组，在技术导师的协助下完成所有细节的开发和设计。开发完成之后，评委从创意度、完成度、设计度、商业化等多个维度进行评分，最终的优胜团队将获得重磅奖励。2013—2015年以来，全球创客马拉松的相关活动已经覆盖了包括深圳、北京、上海在内的多个城市，超过500多个团队参加比赛，活动影响力覆盖几百万用户。

首场全球创客马拉松活动“百度云骑士之夜－创客马拉松”极限挑

战赛于2013年7月在北京正式开幕，其中百度云、小米、Arduino、优酷土豆等公司主管参与了项目点评。2015年10月，全球创客马拉松校园赛正式在哈工大深圳研究院开赛。

2016年左右，一些本来面向社会和高校的创客马拉松比赛开始接受中小学生选手，如上海市人民政府台湾事务办公室和同济大学联合主办的“海峡两岸青年创客大赛”，也改名为“海峡两岸青少年创客大赛”。类似创客马拉松的活动虽然很多，但是往往因为举办方变动或者经费问题，没有持续举办。

第二节　中小学创客活动

面向社会的创客活动很多，但是面向教育的创客活动怎么做，这是一个值得探索的新课题。2015年，随着政府“双创”政策的推进，创客教育进入了高速发展期。但是因为经济发展不均衡和信息不对称，当一些发达省市的学校风风火火开展创客教育的同时，还有许多地区和学校对创客教育毫无所知，尤其对于创客活动的开展与落地有着许多困惑。本节将对校园创客嘉年华、mini Maker Faire和创客文化节等活动做简要介绍，期望对中小学开展校园创客活动有一定的启示。

一、校园创客嘉年华

创客嘉年华活动是国内最有影响力的创客活动之一。为了帮助更多的地区和学校开展创客教育活动，猫友汇联合创客嘉年华组委会共同发起了校园创客嘉年华（School Maker Carnival）活动，希望能打造一项融合创客比赛、路演、论坛、集市、工作坊于一体的综合性校园创客教育成果展示及分享公益活动。校园创客嘉年华的LOGO如图4-2-1所示。

图 4-2-1　校园创客嘉年华的 LOGO

2017 年，校园创客嘉年华活动在创客嘉年华的创客论坛上正式启动。启动仪式现场展示了一个名为《创 · 聚》的互动媒体作品，嘉宾们手持开源硬件，不断按下按钮，大屏幕上校园创客嘉年华的 LOGO 逐步显示，呈现了创客教育从零到一、聚沙成塔的过程。

（一）校园创客嘉年华的申请要求和流程

校园创客嘉年华活动采用“申请 – 授权”的方式举办，根据申办条件与规模，校园创客嘉年华活动分为省市级和校内级两种，具体要求如下：

1. 省市级

——活动规模达到省市级活动规模（有当地省市教育局、电教馆、装备站、科协等政府部门正式文件，不少于 1000 平方米的活动总面积）；

——提供学生志愿者；

——到官网或官微申请且申报资料填写完整；

——至少提前一个月申报并通过校园创客嘉年华委员会的评估。

2. 校内级

——任何学校皆可申请；

——到官网或官微申请且申报资料填写完整；

——至少提前一个月申报并通过校园创客嘉年华委员会的评估。

校园创客嘉年华活动的申请流程很简单，提早一段时间在网上填写表单，留下联系方式。2个工作日内，创客嘉年华组委会的志愿者主动联系申请方，沟通情况，提供各种支持，包括活动海报、执行手册、推荐Workshop活动等。省市级的活动，组委会还可以帮助邀请专家，商议流程。活动确认后，校园创客嘉年华的网站上将进行相应宣传。

（二）活动案例

从2018年起，校园创客嘉年华活动得到创客教育圈的认同，长春、武汉、南宁等地先后举办了活动。大家都希望能够通过共同使用一个约定俗成的名称，既作为对创客文化的认同，又能够借助于组委会的海报、LOGO设计之类的资源，让活动举办更加轻松。

1. 长春校园创客嘉年华

2018年9月14 — 16日，第六届全国中小学STEAM教育大会暨长春市校园创客嘉年华在长春市实验中学举行，来自全国21个省市中小学STEAM教育工作者、知名教育创客和一线创客教师以及相关教育研发机构代表共600多人参加。

长春市首届校园创客嘉年华主要包含STEAM教育大会、创客市集、创客大赛、师资培训等内容。活动为来自全国各地的老师开设近20场工作坊培训、4场专题论坛，为长春市中学生组织3大主题创客大赛，为全市亲子家庭提供上百件可体验互动的创客作品和包罗万象、创意十足的创客市集。

2. 武汉校园创客嘉年华

2018年12月7日，由武汉市教育科学研究院主办、武汉外国语学校承办的武汉市中小学“创客教育直通车”系列活动（第七站）暨武汉校园创客嘉年华在武汉外国语学校隆重举办。全市各区电教馆馆长、科技站站长、市区相关教研员，市区创客教育联盟学校、区教育局机关和二级单位负责人，区属学校校长以及省内、市内参加观摩的老师，共计600余名参会嘉宾及代表参加了此次活动。

3. 南宁校园创客嘉年华

2018 年 5 月 27 日，由校园创客嘉年华组委会联合南宁市位子渌小学举办的南宁校园创客嘉年华在位子渌小学拉开了帷幕。本次创客嘉年华分为社团体验区、创客论坛（专题分享、展示课区）及创客工作室三大区域。社团体验活动，包括疯狂投篮、拔河小车、乐高足球、VEX-IQ 机器人、马拉松小车和水火箭等等。

校园嘉年华活动依托广大创客空间的资源与教师力量，将最前沿、最真实的创客教育成果带入学校。学校可以在校园创客嘉年华平台上进行创客教育的成果展示，客观评价创客教育的开展程度；教师通过活动与国内外知名创客、创客名师交流学习，了解创客课程的开展方式；学生在活动中观摩他人的创客教育作品和前沿的创客大咖作品，开拓视野，激发兴趣；家长则直观了解创客活动的教育意义，认可并支持学校、学生开展创客教育。

二、Mini Maker Faire 和创客文化节

除了校园创客嘉年华外，很多地区和学校举办创客活动，使用的名称五花八门，都不统一。有些地方用“创客文化节”，如温州；有些地方用创客教育嘉年华，如郑州；有些地方用 Mini Maker Faire，这是 Maker Faire 的子品牌；有些用“创客体验活动”，或者直接用“创客大赛”“创客节”；等等。这些创客活动虽然名称不同，但目标和内容是一致的——为中小学师生搭建展示创客成果、交流分享创客教育心得的平台。

（一）Mini Maker Faire

Mini Maker Faire，顾名思义是小型的 Maker Faire，沿袭 Maker Faire 的活动形式，在全国各地开展小型的创客活动集会。按照 Maker Faire 活动的规则，举办 Mini Maker Faire 需要申请，但是流程比较简单。

北京、香港等地都举办过 Mini Maker Faire 活动。上海协和国际学校也曾经两度举办过金桥 Mini Maker Faire 活动。相对来说，国内用 Mini

Maker Faire 举办创客活动的学校和地方还比较少。

（二）青少年创客文化节

最早使用青少年创客文化节名称的是温州，随后有合肥、粤东四市（汕尾市、揭阳市、汕头市、潮州市）等。目前，青少年创客文化节或者校园创客文化节并不是一个注册过的商标，或者有统一组织的品牌活动，谁都可以使用。

自 2014 年以来，温州市每年都会举办一次青少年创客文化节。2014 年 11 月的温州校园创客文化节，是国内最早的地市级中小学创客教育活动。国内知名创客李大维、孙效华、叶琛等前来做主题报告，温州中学科技制作社首任社长、商汤科技联合创始人徐持衡也应邀给学弟学妹们做演讲。

温州市青少年创客文化节活动大致分为创客教育高峰论坛、学生获奖创客作品展示、创客教育成果展示、创客 TED 演讲活动、中小学创客大赛、全国知名创客工作坊展演、学生创客作品慈善拍卖等环节。

第三节　中小学创客赛事

2015 年和 2016 年这两年，创客教育已经兴起，但是面向中小学的创客比赛很少。受创客马拉松活动的影响，早期的教育创客们都期望采用现场比赛的形式，组织面向青少年的创客比赛，如少年创客马拉松、校园创客马拉松和 CM3 国际青少年创客挑战赛等。CM3 国际青少年创客挑战赛是其中影响力最大的赛事活动。这个比赛的成功组织，为后面的电脑作品制作大赛、“童创未来”的创客现场赛提供了很好的经验。

2018 年后，教育部为了规范竞赛管理工作，出台了《关于面向中小学生的全国性竞赛活动管理办法（试行）》，要求所有进入名单的竞赛必须坚持公益性，不得以营利为目的，坚决做到“零收费”，因此包括CM3国际青少年创客挑战赛在内的很多比赛逐渐停办。目前影响力较大的赛事有电脑作品制作大赛和“童创未来”全国青少年人工智能创新挑战赛。

一、CM3国际青少年创客挑战赛

CM3国际青少年创客挑战赛（以下简称CM3）是由中国电子学会现代教育技术分会发起的。CM3中的“C”是创客拼音的首字母，“M”是创客（maker）、马拉松（marathon）和竞赛（match）三个英语单词的首字母。大赛旨在激发青少年对科学与技术的兴趣，培养学生跨学科解决问题的能力，传播创客文化与创客精神。

在CM3比赛之前，青少年的创客评比活动主要采用“少年创客马拉松”这一名称开展活动，参考了创客马拉松的赛制。考虑到48小时不分昼夜对青少年来说太长，于是将现场比赛时间缩短为24小时，并强制休息。首届少年创客马拉松在2015年于北京市中关村创业大街举办。随后，大连、温州先后多次举办活动，对创客教育的发展起到了很好的推动作用。CM3借鉴了少年创客马拉松的规则，重新调整并设计了赛制，让比赛更加适合中小学生，比如现场提供导师，提供各种中小学常用开源硬件和电子模块等。

CM3面向全球征集学生参加比赛，参赛学生以混编方式组成小组，在限定的时间内围绕现场公布的大赛主题完成团队破冰、项目设计、作品制作、成果路演等内容，鼓励团队协作，在导师的指导下去调查研究并动手设计、加工、搭建、编程，最终形成挑战作品。大赛邀请国内外知名创客教育专家、高校教授组成评委团队，从项目作品的创意、完成度、技术难度及团队协作等方面进行过程性的综合测评，并根据在作品路演环节中所展现的创造力、工业设计、商业价值、安全管理、媒体宣传等要素评选出最具核心价值的团队奖项及个人奖项。

第一届CM3大赛在广东东莞外国语学校举办。大赛邀请了教育部教育装备研究与发展中心和北大、清华、北师大、浙大等17所名校知名教授、专家，以及社会创客空间的知名创客，作为评委对各创客团队进行指导。之后，温州、绍兴、常州等地也举办了多场地市级的CM3大赛。

二、全国中小学电脑制作活动

全国中小学电脑制作活动（简称“电脑制作活动”）是全国影响力最大的学生活动之一。往年电脑制作活动只有“评选项目”和“竞赛项目”，后者一般指机器人大赛。2016年，第十七届电脑制作活动增设了“创客项目”，和“评选项目”“竞赛项目”并列为三大项目。

（一）“创客项目”介绍

下面以第二十届电脑制作活动为例，介绍“创客项目”的相关规定。

1. 项目设置

“创客项目”是学生在电脑辅助下设计和创作的体现多学科综合应用和创客文化的作品。参赛学生分为小学组（四年级及以上）、初中组和普通高中组，主题确定为“创意智造”。同时，作品应是一个通过电脑编程的智能产品，如趣味电子装置、互动多媒体、智能机器等。项目建议使用开源硬件并利用身边易获得材料进行创作，也可以利用3D打印、传感器等实现创意。

2. 竞赛方式

同CM3类似，比赛采用现场制作的方式。参赛学生现场分组，在规定时间内使用组委会提供的器材，通过电脑编程、硬件搭建、造型设计等创作智能实物作品。鼓励学生在智能制造机器人、智能家居、智能穿戴、智能医疗等方向实现创意创新。

竞赛的具体流程如下：

（1）抽签分组：参赛学生通过现场抽签组队。

（2）公布命题：专家评委现场公布本次竞赛的任务主题和制作要求。

（3）现场创作：参赛学生根据公布的命题，通过团队分工协作，共同创作完成一件作品。

（4）团队展示和答辩：参赛学生可以通过多种形式向专家评委和其他参赛学生展示其作品，并回答专家评委提出的问题。

（5）综合评定：由专家评委综合现场竞赛各个环节表现情况确认获奖等级。

3. 评比指标

创客项目作品的评比指标如表 4–3–1 所示。和其他的科技作品比赛评比指标比较，它有几个重要的不同，如强调“成品化”，包括外观和牢固度；又如突出了“艺术性”，要有设计感和美感；再如淡化了“实用性”，融入其他的类别。

表 4–3–1　创客项目作品的评比指标

评比指标分类	评比指标内容
思想性、规范性	作品契合主题，内容健康向上； 设计方案完备，有作品功能、结构、相关器件使用等内容； 制作过程中工具和相关器材使用规范； 有详细的器材清单、作品源代码注释规范； 各功能实现的有效程度； 作品的成品化程度，包括外观、封装，及整体的牢固程度、人机交互等界面友好等
创新性	功能、结构等具有新意，有一定的实用价值； 功能细节实现方法有新意； 功能设计能突破原有元器件的应用习惯
艺术性	设计具有美感，并能将美学与实用性相结合； 作品具有一定想象力和个性表现力，能够表达作者的设计理念
技术性	整体结构设计合理； 具有一定的功能性和复杂性； 使用相关元器件等实现的硬件功能具有一定的科学性、复杂性，有技术含量； 软件设计功能明确、结构合理、代码优化、易于调试
团队展示与协作	能够很好地展现出作品的设计思路、制作过程和功能实现情况，团队协作，分工明确、合理； 团队成员充分参与、协作配合

（二）竞赛反馈

2017 年，首届电脑制作活动在河南洛阳举办。这是第一届由教育部（中央电教馆）主办的官方创客大赛，也是第一次以创客马拉松形式开展、现场制作、现场评比的国家级创客大赛。这一场比赛的规则设计，自身就是一次创新。在创客项目的总评现场，评委代表谢作如认为“这是一项比赛，更是一次难忘的创客式学习之旅”，他在发言中提道：

> 昨天在比赛结束后，我通过各种途径私下了解参赛选手的感受。他们都说第一天太累了，差点想放弃，但忍忍就过去了，这样的感觉很奇妙。评委龙丽嫦也说了一个细节，有家长拉着她的手，表示这样的比赛太有意义了。听到这样的反馈，我们都很高兴。最近有句话在微信朋友圈很流行，内容是这样的：“不要忘了为什么出发。”虽然来到这里是参加比赛，但是我们学习创客知识，平时折腾各种工具造物，肯定不是为了这次的比赛。所以，不要太在意比赛的结果。我相信来自天南地北的同学临时组成了一个团队，完全有可能因此成为一生的好朋友。你们通过这一比赛平台结识，为今后相互学习、团队协作打下基础。我更相信，“创意当实现”的习惯会长期伴随你们。遇到任何的问题，你们都会像创客一样去思考并解决。

电脑制作活动创客项目采用现场赛的方式，从开题到现场制作再到路演，举办一次活动至少需要 2 天，这对活动组织方是一个新的挑战。因此，还有相当一部分的省市级比赛没有组织现场赛，依然采用作品提交、评审的传统方式来选拔参赛选手。相信随着创客教育的进一步推进，通过现场赛选拔选手会成为所有地区组织创客比赛的常态。

三、“童创未来”全国青少年人工智能创新挑战赛

2018 年，隶属团中央的中国少年儿童发展服务中心组织举办了“童

创未来”全国青少年人工智能创新挑战赛（简称“‘童创未来’挑战赛”）。这个比赛以引导青少年参与和体验人工智能为载体，注重培养和展示青少年的实践能力和创新意识。在《教育部办公厅关于2020—2021学年面向中小学生的全国性竞赛活动名单》中，“童创未来”挑战赛名列其中。

2019年8月，以“同心家国、智造未来——献礼祖国70华诞”为主题的第三届“童创未来”挑战赛圆满结束。挑战赛包括单片机创意智造挑战赛、人工智能机器人综合挑战赛、人工智能编程设计挑战赛等项目。经过网上海选和各地初赛，来自27个省、直辖市、自治区的800余名青少年参与了现场决赛。2020年第四届“童创未来”挑战赛又增加了“RoboMaster机甲大师青少年挑战赛”等项目。“童创未来”挑战赛中的单片机创意智造挑战赛和RoboMaster机甲大师青少年挑战赛都采用了现场赛的方式，和电脑制作活动类似。

（一）单片机创意智造挑战赛

单片机创意智造挑战赛要求参赛学生基于单片机、传感器和相关电子模块，围绕挑战赛主题，运用人工智能、计算机编程、电子技术等有关知识，以团队为单位进行设计开发竞赛。比赛的要点介绍如下：

一是参赛选手需自带笔记本电脑，比赛开始前，所有选手需排队进场，并通过现场随机抽签的方式临时组队。

二是参赛选手在规定时间内按照现场评委给出的设计主题，现场讨论和确认创意，使用主办单位提供的器材，使用Mind+或MakeCode等编程平台，基于单片机（micro:bit、Arduino和掌控板等开源硬件）和其他相关电子模块，通过电脑编程、硬件搭建、造型设计等方式制作智能实物作品。

三是比赛现场分为制作区和工具区两部分。制作区包含桌椅、电源、开源硬件套件等设备，制作区禁止携带手机或接入互联网；工具区包含3D打印机、激光切割机等设备（部分比赛器材在赛前保密，在决赛当天才可公布所有器材清单）。

四是比赛分为现场制作和展示答辩两个环节。在现场制作的环节中，各组选手需共同协作、彼此分工。这对于临时组建的小组而言，不仅是对实力的考验，更是对团队协作能力的考验。在展示答辩环节中，参赛学生通过 PPT 的形式向专家和其他学生展示作品，并由多位评委进行评分。创客类比赛的评分是多维度的，不仅仅是最终作品的得分，还包括作品制作过程中组员之间的配合度和展示情况。

（二）RoboMaster 青少年挑战赛

RoboMaster（中文名为“机甲大师”）机器人大赛由 DJI 大疆创新发起并承办，是一个为全世界青年工程师打造的机器人竞技平台。比赛要求参赛队员走出课堂，组成机甲战队，独立研发制作机器人参与团队竞技。作为全球首个射击对抗类的机器人比赛，在其诞生伊始就凭借其颠覆传统的比赛方式、震撼人心的视听冲击力、激烈硬朗的竞技风格，吸引到全球数百所高等院校、近千家高新科技企业以及数以万计的科技爱好者的深度关注。RoboMaster 青少年挑战赛则是 RoboMaster 机器人大赛的青少年版本。

RoboMaster 青少年挑战赛延续 RoboMaster 系列赛事的运作方式与技术规则，采用空地一体对抗形式，结合地面机器人 RoboMaster EP 和空中机器人 Tello EDU 两大具有挑战性的研发机器人进行青少年赛的赛事比拼。比赛根据主题设计模拟场地，要求参赛青少年以团队为单位，通过设计操控智能机器人完成规定的任务，并在场地上进行竞技。

RoboMaster 除了机器人赛事体系之外，还分别开创了 RoboMaster 校园俱乐部、RoboMaster 假期营、RoboMaster 高中生机器人课程开发和青年工程师大会等多个教育项目。与此同时，RoboMaster 以传播青年工程师文化为核心理念，相继推出了动画、赛事纪录片、超能理工派等在内的众多原创文化 IP 项目，希望通过高质量的文化作品，引导公众对机器人科学领域的认知兴趣和参与热情，传播科技兴国的文化内核。

第五章

创客教育的课程开发

创客教育要想真正在基础教育中生根落地，课程化是必由之路。创客课程不是一门课程，而是以“创意物化”为目标，或者以“设计制作”为形式的一系列课程。创客的创意往往天马行空、无拘无束而充满创造力，是创客课程的“源头活水”。只要经过重新整理和设计，这些作品就可以转化为一个个妙趣横生的创客课程。

第一节　创客课程的特征与类型

创客课程，是以创客教育为主题的校本课程的一种简称。一般来说，创客课程都是由学校自主开发，属于校本课程的范围。但现在市场上的创客课程良莠不齐，混淆了人们对创客课程的认识。有些企业为了自身利益，更是故意给创客课程加入了一些奇怪的规则或者属性。一些学者为了发表见解独特的学术论文，也人为拔高了创客课程的标准。

创客课程是一类课程，而不是一门课程。从学科和经验课程的角度看，创客课程属于典型的经验课程，即活动课程。从分科和综合课程的角度看，创客课程属于典型的综合课程。有些学校为了“证明”自己在积极推进创客教育，会专门开设一门名为“创客”或者“创客教育”的课程；有些地区的教育管理部门或者教研部门，也在试图制定创客课程的标准。这两种做法都将创客课程独立于综合实践活动课程之外，不仅误读了创客教育的本意，还说明其不了解综合实践活动课程，没有认真读过《指导纲要》。

一、创客课程的特征

2016年由创客教育专家委员会推出的“元宵定义”中，强调了创客教育是“基于学生兴趣，以项目学习的方式，使用数字化工具，倡导造物，鼓励分享，培养跨学科解决问题能力、团队协作能力和创新能力的一种素质教育”。

在“元宵定义”之后，北京师范大学的李亦菲教授和南京师范大学的钟柏昌教授又分别给创客教育下了定义。李亦菲认为，创客教育是以造物的形式培养学生综合实践能力的工程教育；钟柏昌教授则认为，创客教育是以创意制作与开源分享为特征的综合性实践教育。

创客课程是创客教育的载体，从上述三种定义出发，可以总结出创客课程的几条主要特征。

（一）以造物为目标或者方式

创客教育中的“物”一般指各种有形的创客作品，虽然也会涉及软件、电子图纸之类的无形数字作品，但这个数字作品与真实世界也是密切联系的。创客课程要么以“造物”为目标，要么以“造物”为学习方式。以“造物”为目标，即学习这个课程的目标就是制作一个作品。这种创客课程最为常见，如“虫虫机器人”课程，最终目标是做一个会跑会跳的机器虫。以“造物”为学习方式，比如科学探究方面的课程，首先要设计出一个测量装置，再去采集相应的物理环境数据，最终得出结论解决问题。

（二）涉及多个学科知识领域

造物是一个复杂的过程，往往会涉及很多学科的知识。以制作一个仿生机器人（如虫虫机器人）为例，既需要了解机器人中的机械传动、电子控制、程序编写，还要了解生物学的昆虫知识。再如创客空间中常见的无聊盒子（Useless Box），如图 5-1-1 所示，涉及机械杠杆原理、减速器、拨动开关、闭环系统等知识，在加工时还要学习测量和机械制图等。但是如果选择的“物”过于简单，比如折个纸飞机，就很难承载太多的学科知识。即使是做无聊盒子，如果仅仅按照图纸一步一步地搭建，而不去理解其内部的原理，那么跨学科的价值也将大打折扣。

图 5-1-1　一款无聊盒子

（三）以开源和分享为理念

无开源，不创客。创客运动之所以能够深入人心，开源硬件之所以能够席卷全球，背后的魅力都来自开源文化。“用开源精神改变世界”，是创客运动的重要口号之一。在《普通高中信息技术课程标准（2017 年版）》中，增加了《开源硬件项目设计》模块，也强调了开源的价值。因而，创客课程中要尽可能采用开源硬件或者开源软件，并且要引导学生分享自己的学习心得，甚至要鼓励学生将优秀作品发布到创客社区，如 DF 创客社区和 GitHub，并且选择一个协议真正践行一次“开源”，和更多的人一起交流。

（四）关注综合实践能力培养

上海新空间中有一个行为艺术作品，将垃圾桶放在一个“创意箱”的下方，而这个“创意箱”的底下是空的。作品表达了创客运动中的一个重要观点：“不去实现，再好的创意也是垃圾。”可见，创客课程的“造物”目标不能停留在画个图纸写个方案上，而是要结合当前可行的技术工具，将作品原型搭建出来，作品的完成度是课程评价的重要指标。换句话说，创客教育不能等同于以“开脑洞”为目标的创新教育。“创新”虽然是创客教育的重要培养目标，但不是最重要的目标，更不是唯一目标。相对来说，创客教育更关注真实问题的解决能力，关注将创意物化的能力，即综合实践能力。一些以申报各种专利为导向的所谓创新课程，其实并不算真正意义上的创客课程。

二、创客课程的类型

创客课程的分类依据很多，如按照造物的主要工具，课程可以分为开源硬件、激光造物、3D 造物等；如按照课程的长度，可以将创客课程分为短课程、中课程和长课程等。因为创客涉及的工具太多，边界难以划分，相对来说按照课程的课时长短加以区分，反而比较清晰。同时，不同的课时长度，刚好又适用于不同的教学场景。

在学校课程中，很少用短课程、中课程和长课程进行命名。为了更好地区分，本书选择使用体验活动课程、主题活动课程和校本课程这些较为常见的教育名词，分别对应短课程、中课程和长课程，即短课程相当于体验活动课程，中课程相当于主题活动课程，长课程相当于 1 个学分（18 课时）的校本课程。

需要说明的是，这里的体验活动和主题活动其实也属于校本课程的范畴。“校本课程”是指学校在实施好国家课程和地方课程的前提下，自己开发的适合本校实际、具有学校自身特点的课程。校本课程本身已经涵盖了体验活动和主题活动。

（一）短课程：创客类体验活动

创客类体验活动的课程长度一般在 1—2 课时内。在创客教育的普及阶段，体验活动是很常见的，在国外也被称为 Workshop，即工作坊。这类课程一般出现在一些大型的创客活动中，如校园嘉年华活动、创客文化节活动。这类体验活动的设计，是为了让初学者在很短的时间内了解创客。

在综合实践活动基地，或者校外的研学机构，因为学生的学习时间短，不宜花一天或者更长的时间去学习一门课程。那么，将体验活动课程适当拉长到 3 课时左右，控制在半天完成，也是基地学校或者研学机构的常见选择。

（二）中课程：创客类主题活动

创客类主题活动一般指在 5 — 6 课时完成的课程。一般来说，这种在 5 — 6 课时完成的活动，尤其适合作为综合实践活动课程。因为课时太少，学生仅仅得到一点点的体验，无法达成学习目标；课时太长，则对教师的能力提出了较高的要求。从目前整体师资水平的角度看，创客教育涉及了太多新颖先进的数字化造物工具，对授课教师的要求太高明显是不现实的。

创客类主题活动课程往往采用项目式学习的方式。对中小学而言，项目的选择要“短平快”。无论从学生的水平出发，还是从学生的学习时间来看，功能太复杂、技术太深奥的项目开展是很困难的。创客类主题活动正好介于体验项目和制作复杂项目之间，弥补了这一短板。

（三）长课程：创客类校本课程

创客教育中的任何一种工具或者工艺，单独来看都是一个足够复杂的高校工科课程。比如开源硬件就是单片机和嵌入式系统的“入门”，激光切割和3D打印，对应的是前沿科技中的CAD和CAM。而创客教育中的编程，更是博大精深，足够学生学习很长时间。因而，一些企业开发的创客课程往往就是一门高校工科课程的“青少年”版本，常常看到有企业会标榜自己的产品有上百课时的配套课程，其实上百课时的课程对中小学是不合适的，无法实施的。

一些有条件的学校（这里的“条件”指师资的技术水平很不错），会希望开发长课时的校本课程，期望学生能达成更高的技术水平，制作更加复杂的项目。但是不管从什么角度去看，创客类的课程不宜超过1个学分，即18课时，要不然就成了学生的另一种学习负担了。

第二节　创客课程的开发原则与要素分析

创客课程属于校本课程，是学校课程管理的组成部分，开发主体是教师，管理权在学校。创客课程要遵循综合实践活动课程和校本课程的要求，按照课程开发的一般流程来设计。但因为创客课程的独特性，在开发课程之前，有必要先分析其课程要素，并了解其开发原则。

一、创客课程的开发原则

校本课程的开发，要以学校为基础，以学校为基地，以学校为主体，以学校为整体。这些都是校本课程的常见开发原则。除此之外，结合自己开发创客课程的经验，本书再提出三条创客课程的开发原则，供创客课程开发者们参考。

（一）以人为本原则

“以人为本”中的“人”，不仅仅指学生，也指老师。在开发创客课程时，既要关注学生的年龄段，也要关注教师的特长的兴趣点。有些学校领导会以硬任务的形式，直接给某个学科的教师“派活”，这样的创客教育实施效果是很差的。创客的范围这么广，感兴趣的老师总能找到一个自己擅长的领域。如有艺术特长的老师可以做数字媒体相关的课程，擅长电子电路的老师可以做趣味电子相关的课程，有科学背景的老师可以做数字探究的课程，总之，在创客课程开发中，每一个老师都要找到自己的兴趣点和位置。

（二）以“用”定学原则

对于3D打印机和激光切割机，或者开源硬件的入门课程，课程中要给出足够的时间，让学生掌握基础知识和基本操作，以确保能够顺利完成课程的学习，即完成课程中预设的作品。对于创客课程来说，一般没有必要系统完整地去掌握某个工具或者某一种编程语言。边学边用，以“用”定学，是创客课程设计的重要原则之一。也正因为这一点，入门容易且功能强大的软硬件成为创客课程中最受欢迎也最受推荐的技术，如掌控板、mPython、Mind+、MakerBrush、Python等。

（三）螺旋上升原则

创客关注的问题，一般都源自真实世界，属于典型的劣构问题。创客中的造物，涉及的知识和技术包罗万象，目前看来很难也没有必要设计或者规划一个完整的知识体系。按照“以用定学”原则，3D打印机、激光切割机和开源硬件等，不过是众多创客工具中的一种。第一次接触可以稍微具体地介绍入门知识，后面课程中再使用这类工具就直接介绍相关的知识和技能即可。在一次一次的创客课程中，创客知识和技能得到不断巩固和拓宽。这种学习上的进步不是直线式上升，而是一种典型的螺旋式上升。

二、创客课程的要素分析

根据课程设计的理论，创客课程的要素可以分为学习目标、学习内容、教学过程、师资队伍、学习空间和教学评价等等。这里重点分析学习目标、学习内容、师资队伍和教学评价这四大要素。学习空间在其他章节已经涉及，教学过程可以参考其他相关的教育书籍，如项目式学习，这里不展开分析。

（一）学习目标

创客课程的学习目标，直接指向创意物化的能力，可以具体分解为跨学科解决问题能力、动手实践能力和创新能力，具体如表 5-2-1 所示。

表 5-2-1 创客课程学习目标

学段	目标
小学	通过动手操作实践，初步掌握手工设计与制作的基本技能；学会运用信息技术，了解常见的开源硬件原理和电子模块作用，初步掌握常见的数字化工具的基本使用方法，设计并制作有一定创意的创客作品。运用常见、简单的信息技术解决实际问题，服务于学习和生活
初中	运用一定的操作技能解决生活中的问题，将一定的想法或创意付诸实践；通过设计、制作或装配等，充分利用数字化工具，制作和不断改进较为复杂的制品或用品，发展实践创新意识和审美意识，提高创意实现能力；提高利用各种学科知识进行分析和解决真实问题的能力
高中	积极参与动手操作实践，熟练掌握多种操作技能，能综合利用物联网、人工智能等技术，解决生活中的复杂问题。增强创意设计、动手操作、技术应用和物化能力，形成在实践操作中学习的意识，培养利用跨学科知识解决真实问题的能力

（二）学习内容

创客教育中的“造物”是一项高度复杂、综合性极强的创造性活动，因而创客课程涉及的学习内容也非常复杂。只要和造物相关的知识、技能，都是创客课程的学习内容。仅仅数字化工具就已经是一个范围很广的领域。在第二章中介绍的各种支撑技术，如开源硬件、设计工具、编程平台、加工工具等，就涉及了高校工科的大部分基础课程。

创客活动中强调的“造物”，一般不是按照图纸进行机械的加工，而是基于真实场景提出问题，然后设计并实现，即以问题为中心整合相关学科知识，注重知识横向联系，将生活化的问题引入创客活动，将学习内容情景化、生活化。因而，创客课程中的学习内容不能专属某一学科，而是融合了多科课程的基础知识与基础技能，属于跨学科课程，这里的学科既可能涉及科学、数学，也会涉及语文、历史等人文艺术领域。

（三）师资队伍

学生在创客学习的过程中，必然会遇到诸多困难，需要在学科知识、技术工具、灵感启发等多方面得到专业的指导和及时的反馈。创客教育要进入中小学校园，肯定需要大批能够开设创客课程、指导学生创客活动的创客教师。

首先，对于要做创客教育的学校领导来说，需要知道应该让什么学科的教师去指导创客活动。回顾国内创客教育的发展历程，最早进入创客教育的是信息技术教师，随后，通用技术、小学科学和艺术学科的教师相继介入，创客教育的跨学科学习特征越发明显。正因如此，其实学科背景并不重要，创客教师的首要条件是“自己就是一名创客”，热爱创造、热爱学生，喜欢挑战自我并具有一定的动手能力。

其次，合格的创客教师应该是复合型人才，并具备一些核心素质，具体包括：对新事物的好奇心和主动学习能力；一定的技术应用能力，掌握各种软硬件技术和常见加工设备的操作能力；文理兼修，具有跨学科学习经验；人际宽广，尤其在创客圈子有一定的人脉，能借助外力更好地指导学生创造；具备良好的课程开发能力。一般来说，学校需要建一个创客教育的团队，而不能靠一个教师单打独斗。来自不同学科的教师之间会形成“碰撞”，这样的碰撞能够让他们迅速成长。当然，对于创客教师而言，执行力非常重要，创客空间从无到有，创客课程从无到有，都需要教师有强大的执行力。

再次，创客运动本来崇尚开源和分享精神，只要对创客感兴趣，教师可以站在他人的肩膀上快速“专业化”起来，成为一名合格的创客教师。

（四）教学评价

如何评价学生在创客课程中的学习效果，这是重点，也是难点。传统的以考试为主的结果评价方式，只能测量出学生系统知识的掌握程度，很难衡量其创新思维是否发展、解决问题的能力是否提升、伙伴合作的过程是否顺畅，因而不适宜用在创客课程中。创客课程的评价更注重师生共同参与，结果评价和过程评价相结合，自评和他评相结合，这样才能更全面地看到学生的学习过程和效果。

创客课程一般采用作品评价法和过程性评价。不同类型的创客课程在细节上会有区别，但核心都将指向造物的过程和结果。创客教育本来就是“选修”的内容，不提倡采用任何一种类似纸笔测试的评价方式，也不建议使用复杂的评价方式加重师生的负担。

第三节　创客类体验活动课程的开发

在创客嘉年华活动中，常常会看到一个“创客体验区”或者“Workshop 区”。这个区域一般是用来给初学者提供造物体验，帮助他们爱上创客活动的。在创客教育中，也需要开发一些体验类的课程，以吸引更多的学生，尤其是实施创客教育的初期阶段。

一、体验活动课程的选题

既然定位是“体验”，那么体验活动课程的选题应该要尽量做到新颖、有趣，还要尽量做到过程完整。也就是说，要让学生从零开始，经历一个完整的造物过程。

（一）新颖性

“新颖性”表现在多个方面。一是“造物”的工具要新。要提供学生平时没有机会学习或者接触的工具，如3D打印机、激光切割机、3D扫描仪等，这些工具多数学生听过但没有用过，容易吸引他们的注意力。二是“造物”的技术要新。举个例子，哪怕学生已经学习过用Word、LaserMaker之类的软件绘制激光切割机图纸，但当看到MakerBrush这种简单方便的建模软件，还是会心动。三是“造物”的形式要新。比如小车形状的机器人学生已经司空见惯，但当看到两三个舵机结合起来就能做出一个萌萌的“虫子”，哪怕本来没有什么兴趣，也会“眼前一亮”。

（二）趣味性

创客教育的兴起，并不在于创客教育承载的教育目标有多高大上，而在于创客活动的有趣。*Make*杂志的中文名为《爱上制作》，是非常传神的翻译。面对从来没有动手造物经历的学生，通过各种生动有趣的内容更容易吸引他们。因为每个人兴趣都不一样，体验活动的选题要广泛，套一句广告词：“总有一款适合你！”体验类课程不要直接呈现冷冰冰的技术，而是要尽量结合艺术元素，向艺术学科学习表现力。比如“虫虫机器人”课程的核心是舵机控制，如果用“舵机控制”作为课程名称，估计就难以吸引初学者了。

（三）完整性

从“创意”到“物化”，再到“分享交流”，这三者是任何一个创客活动中不可缺少的环节。哪怕时间再短，课程设计者也要让学生经历一个完整的创客活动。即使是体验课程，也不能仅满足于让学生如流水线般复制一个实物的制作过程，而尽量要让学生以深入参与者的角色设计出与众不同的作品。比如“徽章制作”课程中，可以引导学生绘制个性化的图案，让每位学生做出来的徽章都不一样，这样，分享环节就有价值了。

除了这三个要点，体验活动课程的选题还需要考虑实施成本。比如焊接一个小徽章，成本在10元之内，学生体验后还能带走自己的“劳动成果”，这种收获感是非常好的。但是一个“虫虫机器人”的成本要超过100元，就不能做好带走了，要考虑学习器材的再利用。

二、体验活动课程的设计

一般来说，在创客嘉年华之类活动中开展的体验活动，地点会设在室外，学习时间比较短，30分钟到一个小时为宜。而综合实践活动基地、研学机构的体验活动课程一般在室内开展，学习时间一般为1—3小时。那么以实施场所的不同，体验活动课程可以简单分为室外和室内两种。在不同的场所实施教学，选题也就不同了。相对来说，室内体验活动课程的选题就更为广泛。

按照创客活动的一般过程，体验活动课程一般分为感知创意、实践造物和分享交流三个环节。“分享”环节有很多种呈现方式，包括交流介绍、合影留念等，比如创客嘉年华中的“LED徽章焊接”活动，在完成作品之后会让孩子们将徽章别在胸前，再拍照留念。

三、室外体验活动课程案例

既然在室外，考虑到具体的实施条件，这类课程一般不推荐使用电脑。电子焊接、黏土捏制、彩笔绘制，再结合不需要编程的电子模块，如造物粒子和互动电子，做一个会闪光或者会发声的“智能”小作品，成为最常见的选择。

案例一　追光猎手

1. 课程简介

光敏电阻、振动电机……将这六种电子元器件一一焊接到电路板上，不需要编程，就能制作出一个能够感应周围灯光的小机器人。哪里有光它就会往哪里跑，光线越强，跑得越快。

追光猎手是一个以焊接为主题的电子入门课程，从中可以认识常用的电子元器件，并学习简单的电路小知识。无论你是小朋友还是大朋友，焊接是作为一名创客的必备技能之一。还等什么？赶紧来做一个属于你自己的追光猎手吧。

2. 涉及学科

物理、通用技术、劳动技术。

3. 课程来源

创客嘉年华、上海蘑菇云。

4. 教学过程

（1）感知创意

展示追光猎手作品，如图 5–3–1 所示，用手电筒演示小机器人能够向光线亮的方向移动。

认识追光猎手上的电子元件，介绍“追光”的原理，如图 5–3–2 所示。

图 5–3–1　追光猎手作品

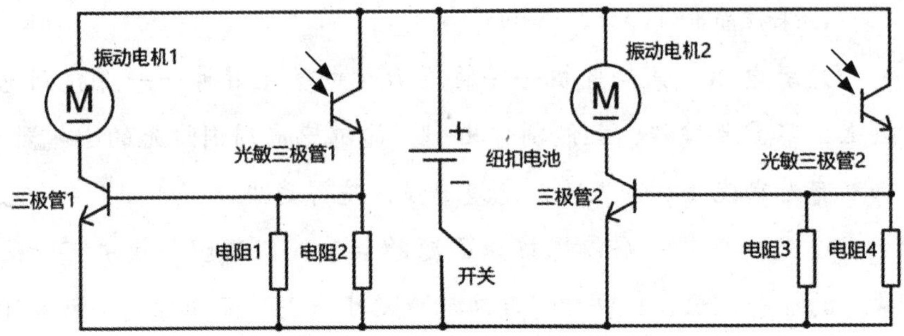

图 5-3-2　作品原理图

（2）实践造物

第一步，学习焊接方法，步骤如图 5-3-3 所示。

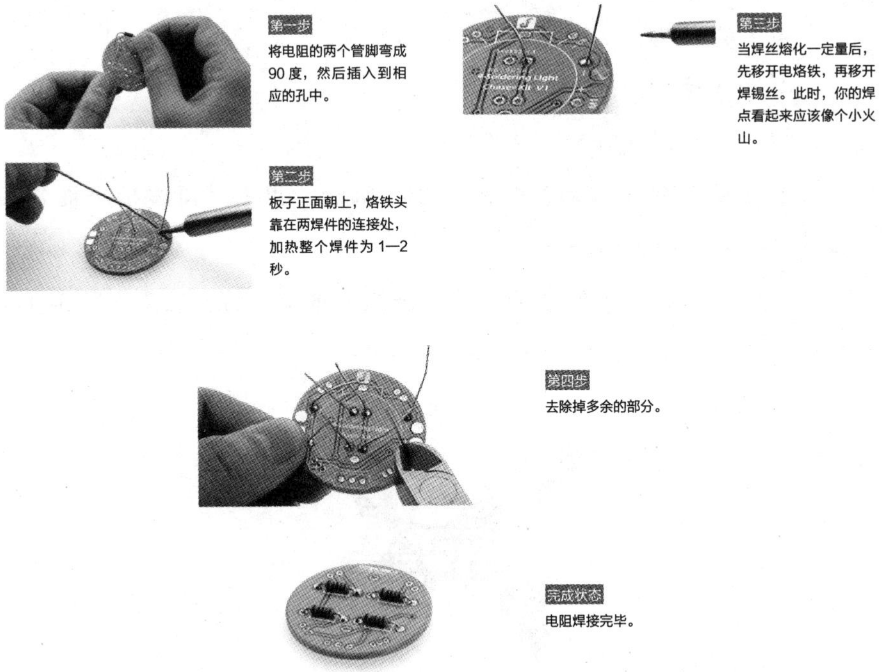

图 5-3-3　焊接步骤

注意：焊接之前佩戴好护目镜，以防止松香或针脚伤害到眼睛。

第二步，焊接电路。

按照活动体验卡的步骤说明，逐步将各种元件焊接在一起，实物图如图 5–3–4 所示。

图 5–3–4　焊接各元件实物图

第三步，制作底盘。

按照活动体验卡的步骤说明，制作机器人的底座，并将电路板和振动电机固定在上面，如图 5–3–5 所示。

图 5–3–5　机器人底座

（3）分享交流

①装上电池，用手机的 LED 灯或者手电筒来控制你的追光猎手吧。

②说一说，为什么有些追光猎手的追光效果特别不好，如何解决这个问题？

5. 课程点评

这是创客嘉年华活动中常见的 Workshop 活动。这个课程套件的成本很低，学生通过焊接几个简单的元件，最后得到一个会追光的电子宠物，特别有收获感，同时会对电子电路的知识产生莫大的兴趣。

案例二　电子黏土

1. 课程简介

你用过超轻黏土吗？你了解海底世界吗？来捏出一个海底生物的造型，然后讲一个故事吧。如果给你的小动物加上互动电子模块，那么故事肯定更加精彩。

电子黏土是一个以“互动”为主题的创客体验课程，将 DIY 理念、电子模块和超轻黏土完美融合。课程的作品能够实现简单有趣的互动，如 LED 灯可以作为海底生物的眼睛、贝壳的珍珠或者其他装饰，运动传感器用来感知外界的运动。赶快发挥你的想象力，打造一个丰富多彩的海底世界吧。

2. 涉及学科

语文、艺术（美术）、物理、生物。

3. 课程来源

创客嘉年华、上海蘑菇云。

4. 教学过程

（1）感知创意

①展示电子黏土作品，演示人的动作“惊醒”海底生物的过程。

②认识电子黏土的电子元件，介绍“惊醒”的原理。

（2）实践造物

第一步，制作生物造型。

引导学生仔细观察海底世界的生物特点，并且要为LED模块留出合适的位置，如图5-3-6所示。

图5-3-6　作品范例

第二步，连接电子模块。

指导学生在更换LED灯的时候慢慢拔插，已经风干的黏土造型很容易损坏。如果发现LED灯不亮，请检测电池是否有电。成品图如图5-3-7所示。

图5-3-7　成品图

（3）分享交流

学生用课本剧的形式，边讲故事边展示作品的互动效果。如用这样的语句来介绍：

神秘的海底，有各种神奇的生物。有一天，一位勇敢的潜水员来到了这里……

5. 课程点评

造物是孩子的天性。捏橡皮泥、捏超轻黏土是很多孩子都喜欢的活动。当他们发现自己捏出的小动物居然会发光、会与观众互动，那么就要先了解原理，并为互动发光功能留出位置。这样就不知不觉走进了创客的世界。现在，电子黏土的功能越来越强大了，还能加“与”“或”“非”逻辑模块来体验编程。

四、室内体验活动课程案例

创客造物，偏向于使用数字化工具完成。在室内开展体验活动，就可以使用电脑、开源硬件、3D 打印机和激光切割机之类的数字化工具了。但是考虑到初学者没有编程基础，不宜做功能复杂的智能作品。

案例三　虫虫机器人

1. 课程简介

最萌机器人——虫虫来了！它以其摇摆的步态，憨态可掬的外形俘获了一大批 DIY 爱好者。

虫虫机器人只有手掌大小，敏锐的红外电子眼，加上灵活的舵机控制四足，还有一颗强力锂电池提供持久续航。这一切都让虫虫能像真正的昆虫一样行走，辨别方向，避开障碍。只要你细心地为它组装元件，编写程序，一只可爱的虫虫机器人会马上让你爱不释手。

2. 涉及学科

物理、信息技术、通用技术、生物。

3. 课程来源

创客嘉年华、上海蘑菇云。

4. 教学过程

（1）感知创意

①展示自然界中的虫子行动视频，演示虫虫机器人的行走过程。

②观察实物，如图 5-3-8 所示，认识套件的电子元件。

③虫虫是如何行走的？

④虫虫是如何“看”到障

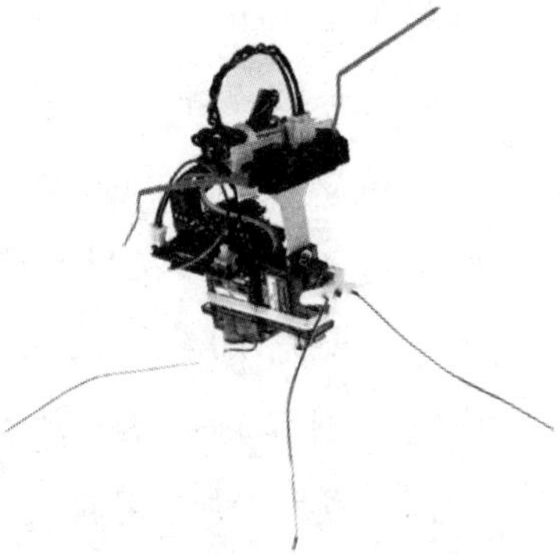

图 5-3-8　虫虫机器人实物

碍的？

（2）实践造物

第一步，制作外形。

引导学生按照活动体验卡的步骤说明，逐步将各种元件连接起来，制作虫虫机器人的外形。

第二步，编写程序。

引导学生按照活动体验卡的步骤说明，打开 ArduBlcok 软件，给虫虫机器人编写程序，参考代码如图 5-3-9 所示。

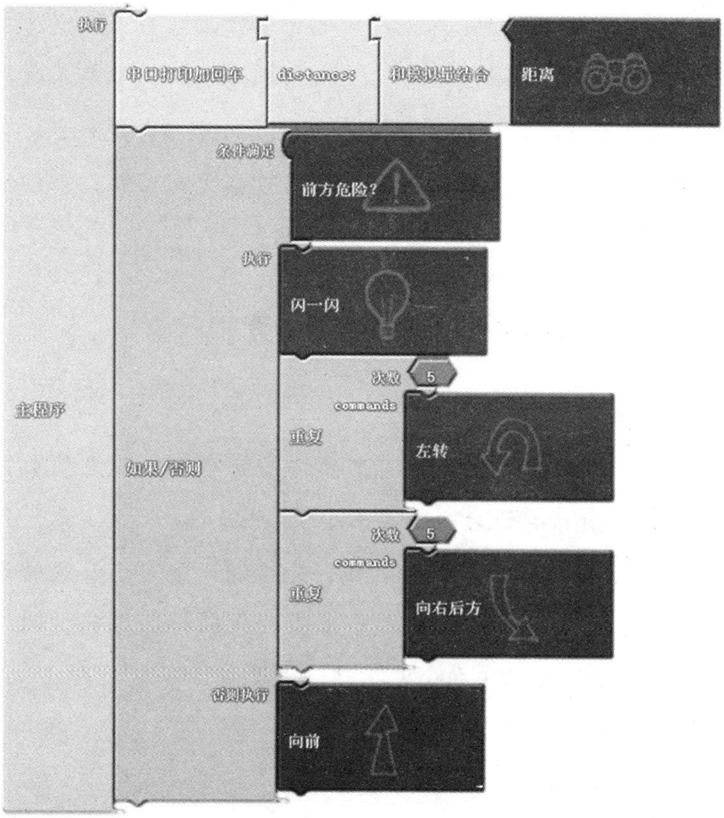

图 5-3-9　参考代码

第三步，调试功能。

引导学生调试功能，如果虫虫的运动姿态不准确，需要重新调整舵机的位置。如果代码执行错误，则要检查引脚接线是否正确。

（3）分享交流

①引导学生说说在制作虫虫机器人的过程中遇到的问题，以及是如何解决的。

②将虫虫机器人摆放在不同的场景，并进行拍照留念。

③展示六足的虫虫机器人。引导学生说说改进的方案。

5. 课程点评

“虫虫机器人”是一个人见人爱的创客活动。在上海新车间、蘑菇云创客空间组织的各种活动中，“虫虫机器人”的参与人数总是爆满。考虑到套件的价格有点贵，这个体验套件中增加耗材包，体现了“回收”功能，即每一次活动结束，作品可以重新回收，继续供其他同学来体验。

案例四　激光切割小宠物

1. 课程简介

你玩过立体拼图吗？你知道立体拼图的奥秘吗？来用激光切割机和 MakerBrush 亲自设计一个桌面小宠物吧！

利用 MakerBrush 和激光切割机，先绘制一个自己喜欢的动物模型，然后研究重心结构，借助源于中国古代的榫卯工艺，雕刻、切割、拼接，一个可爱的桌面小宠物就诞生了。

2. 涉及学科

信息技术、通用技术、物理、艺术。

3. 课程来源

创客嘉年华、虚谷计划。

4. 教学过程

（1）感知创意

如图 5-3-10 所示，展示拼插式立体拼图，如恐龙、小鹿……

图 5-3-10　各种拼插式立体拼图

观察激光切割小宠物模型物，提出问题：

①立体拼图能够拼起来的奥秘是什么？

②我们可不可以自己设计这些零件，想拼什么就拼什么？

③一个小动物有哪些基本组成？

（2）实践造物

第一步，绘制动物造型。选择一个喜欢的小动物，用简笔画的形式画出来，如图 5-3-11 所示，注意量尺，选用合适的尺寸。

图 5-3-11　模型示意图

第二步，分解部件。分解小动物的身体部位，头部、身体、四肢、关节位置，在 MakerBrush 中，利用“所画即所得”的特性，先分别画出各个部位，再用拼插的方式合并成完整的模型，调节角度，如图 5-3-12 所示。

图 5-3-12 参考模型图

第三步，激光切割。用激光切割机将其“打印”出来，注意木板尺寸的配合，拼插结构中凹槽与凸起部位的材料损耗。

（3）分享交流

分享在绘制宠物设计图过程中的注意事项，如“关节”是怎么设计的。总结用计算机绘制 MakerBrush 模型时遇到的问题或技巧，如简单工具和结构件的使用。

5. 课程点评

激光切割机的工作速度很快，木材的价格又很便宜，很适合做这类创客体验活动。MakerBrush 是一款用立体方式绘制二维图纸的软件，技术门槛很低，当一个小宠物摆件制作完成，学生就基本掌握了这个软件，迈进创客的大门了。

五、体验活动课程的评价

对于体验活动课程的评价，简单地说，重点就在于是否吸引了学生，是否让学生体验到造物的快乐，并且产生要进一步学习的想法。

为了更好地指导研学机构开展体验活动课程，温州创客发展中心和温州育才综合实践基地特意设计了一个通用的课程评价表。评价内容分为通用要求、安全伦理和课程目标三个方面。其中，“通用要求”是所有的体验课程都需要做到的，“课程目标”是针对这个课程而言，而“安全伦理”要根据这个课程是否使用了有一定危险性的工具而言。以“虫虫机器人”课程为例，具体评价内容如表 5-3-1 所示。

表 5-3-1 “虫虫机器人”课程评价表

序号	内容	类别	完成情况	备注
1	领取相关课程资料	通用要求	☐	课前准备
2	桌面物品清理，课程资料摆放整齐	通用要求	☐	课前准备
3	阅读学生课程资料中的安全符号及注意事项	通用要求	☐	课前准备
4	领取相关体验器材	通用要求	☐	活动前准备
5	小组交流协作，确认体验步骤	通用要求	☐	活动前准备
6	认识虫虫机器人的各种电子模块	课程目标	☐	活动过程中
7	能够搭建虫虫机器人的外形	课程目标	☐	活动过程中
8	能够给虫虫机器人编程并正常行走	课程目标	☐	活动过程中
9	小组协作完成体验活动，乐于表达和倾听创意想法	通用要求	☐	活动过程中
10	注意工具的使用安全	安全伦理	☐	活动过程中
11	将剩余课程材料按照类别分类，并放入材料包中	通用要求	☐	课后整理
12	清理桌台	通用要求	☐	课后整理
13	将垃圾进行妥善处理	通用要求	☐	课后整理

第四节　创客类主题活动课程的开发

在中小学创客课程中，最常见的是主题活动课程类型。创客教育的核心是造物，一个稍微有难度的作品制作，一般都需要花费半天时间。这样的造物项目，特别适合设计成5—6课时的主题活动课程。同时，因为课时长度很短，那么对造物技术的要求自然就不会太高，普通的学科教师经过一个半天的学习，也就具备了实施教学的基本能力。在创客教育急缺师资的情况下，这不失为一种好的方式。

一、主题活动课程的选题

前文已经强调过创客课程不是一门课程，而是一系列课程。根据创客课程设计螺旋式上升的原则，在中小学中应该有一系列的主题活动课程，组成一个学期、一个学年甚至小学六年和中学六年的创客教育体系。而这类主题活动课程的选题，虽然也要追求新颖和趣味，但重点考虑的是综合性、创造性和先进性等因素。

（一）综合性

主题活动课程需要具备高度的综合性，不能仅仅为了造物而造物。造物的目的是应用学科知识，培养跨学科解决问题能力。因而，课程中强调学生广泛地接触和收集各方面的资料（自然、人文、艺术等），综合多学科知识，通过动脑、动手设计作品或产品，扩大知识面，提高综合设计能力。

（二）创造性

主题活动课程的造物，不能仅仅模仿，还要有所创新。要通过规划、设计、制作和评价，通过技术思想和方法的应用及实际问题的解决，为学生发挥创造力提供广阔舞台，因此主题活动课程也是培养学生创新精神和实践能力的有效途径。

（三）先进性

主题活动课程的造物，要有意识地融入新的技术，如物联网技术、人工智能等。创客是一个追求新技术的群体。这里并非在否定“低技术”课程的价值，而是强调了要借助新技术来联系各个学科的知识。相对来说，在普通木工创作和互动媒体创作的课程中，后者对数学、科学领域的知识要求自然更高。

二、主题活动课程的设计

感知创意、实践造物和分享交流，这三个环节是所有创客活动的基本环节。虽然同样是采用这三个环节来设计课程，但对主题活动课程来说，却不能完全照搬体验活动课程的结构，需要做适当的微调。因为需要考虑这一课程中是否涉及“新”技术，即学生之前没有接触过的技术。

而在当前的中小学课程中，对造物技术的学习很少涉及。加上我国的家庭普遍没有“车库”，中小学生无论对使用数字工具造物或者用非数字工具造物，都不甚了解。那么，开展创客教育就不得不先让学生学习相关的技术，然后再应用技术来造物。根据是否要学习新技术，创客课程自然而然地形成了两种不同的结构。这里将其分为“偏学习”型和“偏应用”型两种。

（一）“偏学习”型主题活动课程

无论是哪个学段的学生，第一次接触开源硬件或者3D打印，肯定需要有足够多的时间进行学习，但是限于课时，又不能系统全面地学习。教师要根据课程的目标，即对要造的作品进行技术分析，将最核心的技术抽离出来。

“偏学习”型主题活动课程可以分为“认识与体验”“模仿与学习”“创作与分享”三个环节。按照6课时进行分配，“认识与体验”1课时，“模仿与学习”3课时，“创作与分享”2课时。这里的“模仿”，英文为“remake”，也可以翻译为“再创造”。remake是创客活动中被广泛推荐的学习形式，鼓励创客们用不同的方式再现他人的创意，然后不断迭代。以“3D打印”课程为例，每一个环节的内容安排如图5-4-1所示。

图5-4-1 “偏学习”型主题活动课程的环节安排

（二）“偏应用”型主题活动课程

创客教育是一个不断迭代的过程，像开源硬件和3D打印之类，在不同的主题活动课程都会出现。当学生已经初步了解并掌握某一新技术，那么在创客活动中就没有必要提供太多的课时去学习，“模仿与学习”环节就可以去除，或者压缩，将更多的时间留给个性化的创作。

“偏应用”型主题活动课程可以分为“认识与模仿”“学习与创作”“展示与分享”这三个环节。按照6课时进行分配，“认识与模仿”1课时，“学习与创作”4课时，“展示与分享”1课时。以“设计木偶戏”课程为例，每一个环节的内容安排如图5-4-2所示。

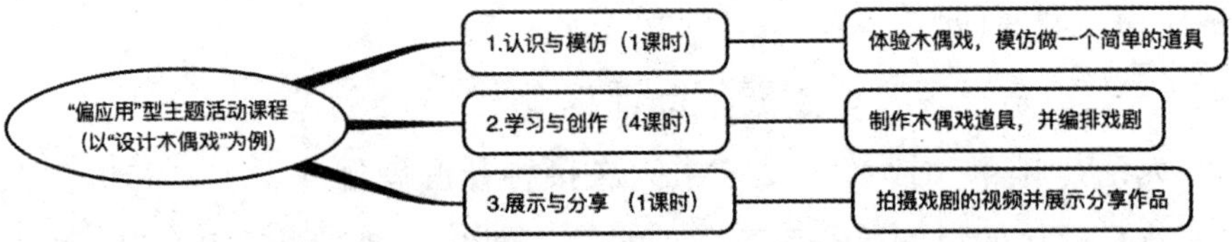

图5-4-2 “偏应用”型主题活动课程的环节安排

在主题活动课程中，有些课程的目标并非造物，而是用造物的方式去解决一个问题。比如测量物体的速度，测量建筑物的高度，用数字工具测量环境信息进行分析等科学探究活动。这类科学探究课程也可以参考“偏应用”型主题活动课程的结构，先“认识”，再“探究”，最后“分享”。以“速度的测量”课程为例，每一个环节的内容安排如图 5-4-3 所示。

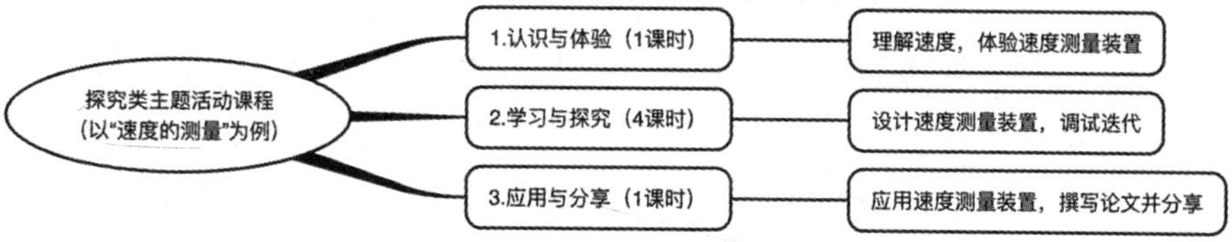

图 5-4-3　科学探究主题活动课程的环节安排

三、“偏学习”型主题活动课程案例

在“偏学习”型主题活动课程中选择了两个经典的课程，分别是 3D 打印和激光切割。3D 打印机和激光切割机是创客空间中的标配。通过主题活动课程，让学生在应用中快速掌握它们的基本操作。

案例一　走近 3D 打印

1. 课程简介

本课程围绕“3D 打印”展开。学生通过“走近 3D 打印”“设计 3D 模型”和“3D 打印与分享”三个环节的活动，了解 3D 打印技术的发展历程和发展现状，掌握用 IME3D 软件设计 3D 打印作品的基本技能，学会发现生活中的问题，并用 3D 打印技术解决问题。

2. 涉及学科

物理、信息技术、通用技术、生物。

3. 课程提供

谢作如。

4. 适合学段

小学高年级。

5. 课程设计

环节一　走近 3D 打印（认识与体验）

【设计意图】

本环节通过看图片联想本课内容切入话题，通过学习 3D 打印的诞生背景以及发展历程，让学生了解 3D 打印产生的原因以及经历的一些重大事件，从而引出 3D 打印技术的发展现状。通过介绍 3D 打印技术的应用领域，最后欣赏若干件 3D 打印作品，激起学生学习的兴趣。

【想一想】

呈现 3D 打印作品，通过观看视频了解打印过程。

【议一议】

（1）常见的制造技术分为哪三类？

（2）3D 打印的制作流程是什么样的？

（3）你知道 3D 打印相较于其他的制造技术，它的优势是什么吗？

【说一说】

（1）通过阅读文字材料，说一说 3D 打印技术中你最感兴趣的 3 个发明事件。

（2）了解 3D 打印技术之后，你最想设计什么物品？为什么？

【想一想】

二进制货币的生成：教师提供二进制货币的源文件，以及制作、打印二进制货币模型的过程视频。

参考作品如图 5–4–4 所示。

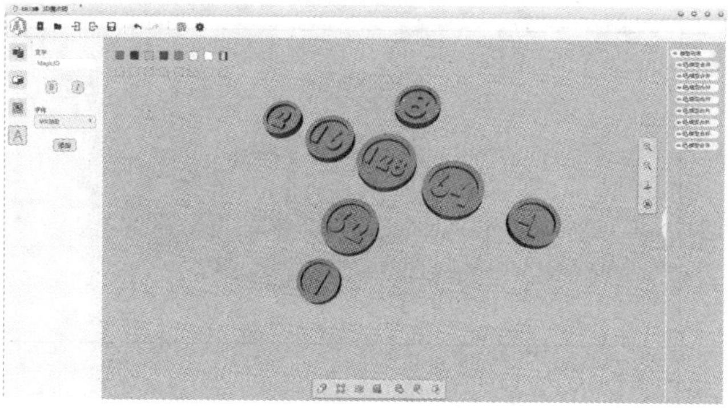

图 5-4-4　二进制货币参考作品

环节二　学习 3D 建模（模仿与学习）

【设计意图】

本环节通过观看 3D 作品为切入点，使用 IME3D 软件学习基本的操作，掌握基本的技能，最终绘制完成三个作品，激发学生学习 3D 打印的热情，在创作中体验成就感。

【想一想】

呈现 3D 模型或打印的实物，如表 5-4-1 所示，思考模型设计的过程。

表 5-4-1　3D 模型或打印的实物

项目	3D 模型或打印的实物
杯子	

续表

项目	3D 模型或打印的实物
小木船	
漂亮的 LOGO	

【做一做】

作品 1：杯子。

作品 2：小木船。

作品 3：漂亮的 LOGO。

环节三　创意 3D 打印（创作与分享）

【设计意图】本环节通过回顾之前所学内容引出问题，从而激发学生的创作热情，用自己的智慧去解决生活中的问题，用所学的技术去设计和创造，让学生学会主动在生活中发现问题，并联系所学技术用 3D 打印解决问题。

【想一想】

选择一个感兴趣的主题，然后分析这个作品的设计步骤，并且开始设计。

【做一做】

请简要写出你的设计步骤。

【说一说】

请按照以下的步骤，向同学们介绍作品。

（1）作品的名称、用途。

（2）设计作品时碰到了什么难题，解决的方法是什么？

（3）这个作品还要做哪些优化？

6. 课程点评

在第一次接触3D打印时，有些教师为了能够快速打印出作品而购买了很多3D打印机。其实没有必要，3D打印课程的核心是模型设计，3D打印的速度不会因为机器多而变快。一般而言，一所学校有2—4台打印机就能够开设这一课程，教师选择有代表性的作品在课余时间打印，或者委托第三方的3D打印服务来打印学生作品就可以了。先认识体验，再模仿学习，最后创作分享，环节清晰合理。

案例二　用激光来造物

1. 课程简介

本课程围绕"激光切割技术"展开，学生通过"认识激光切割技术""激光切割与设计"和"设计我的切割作品"三个环节，了解激光的特点和在生活中的应用，认识激光切割机这个好帮手，并借助切割机加工自己设计的创客作品。

2. 涉及学科

物理、信息技术、通用技术、美术。

3. 课程提供

谢作如。

4. 适合学段

小学高年级。

5. 课程设计

环节一　认识激光切割技术（认识与体验）

【设计意图】

了解激光切割技术的常见应用、原理，参观激光切割机的运作。

【想一想】

外出旅游，经常看到一些木质的纪念品。这些纪念品是怎么制作出来的？

【看一看】

跟着老师走进激光切割机，看一看小小的激光头是怎么运作的。具体操作步骤如图 5-4-5 所示。

注意：切割与雕刻的不同效果；凹凸反相的不同效果。

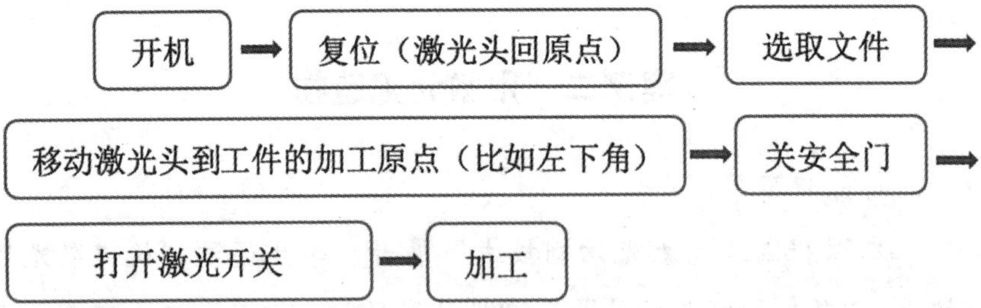

图 5-4-5　激光切割机操作步骤

【说一说】

（1）激光切割一般用什么材料，创客空间的激光切割机能加工什么材料？

（2）你希望用激光切割机做一个什么作品？

环节二 激光切割与设计（模仿与学习）

【设计意图】

利用平面设计软件设计标牌，学习 MakerBrush 软件绘制多边形、添加文字、简单图案等功能，体验标牌的制作过程。在此基础上，会拓展简单的拼插结构，为创作打下基础。

【想一想】

如表 5-4-2 所示，想一想这些作品分别是怎么制作的。

表 5-4-2 激光切割作品

作品名称	实物图
标牌	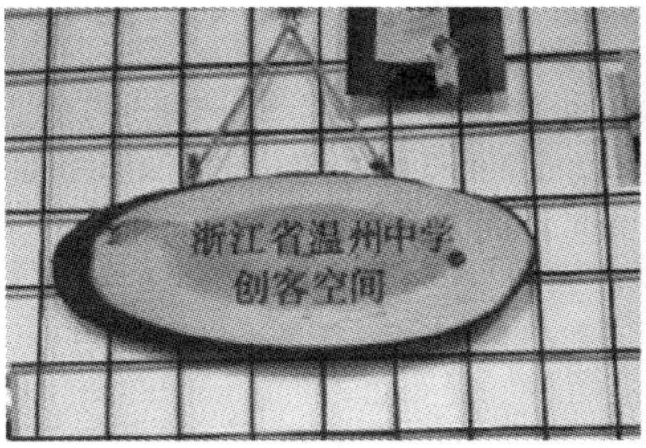 
支架	 
3D 玩具	 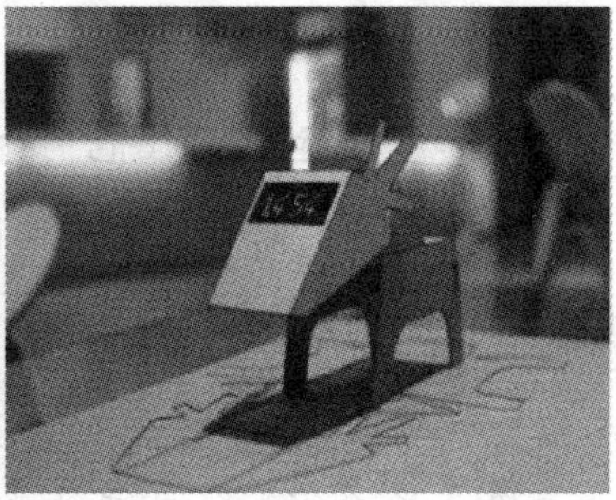

【做一做】

作品 1：普通标牌。参考作品如图 5-4-6 所示。

图 5-4-6 普通标牌

作品 2：站立的标牌。参考作品如图 5-4-7 所示。

图 5-4-7 站立的标牌

环节三 设计我的切割作品（创作与分享）

【设计意图】

以学生为主体，让他们自己探索和设计，老师给予辅导。以手机支架为主题，让学生画平面图、制作立体物品，实践中体会个性化的设计与制作。

【想一想】

做了这么多，也学会了怎么做立体的标牌，接下来能不能为爸爸妈妈做一个手机支架？参考作品如图 5-4-8 所示。

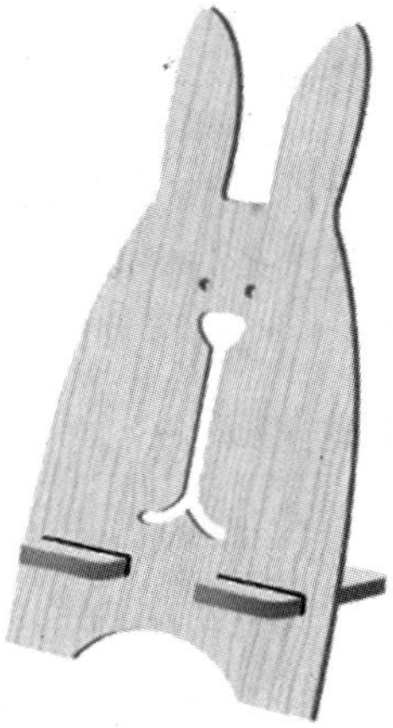

图 5-4-8　手机支架

【做一做】

请简要写出你的设计步骤，将表 5-4-3 填写完整。

表 5-4-3　设计步骤

我测量的手机的尺寸：	
画图：	
手机支架草稿图	软件画图
制作过程：	
遇到的问题	解决办法

【说一说】

请按照以下的步骤，向同学们介绍作品。

（1）作品的名称、用途。

（2）设计作品时碰到了什么难题，解决的方法是什么？

（3）这个作品还要做哪些优化？

6. 课程点评

和案例 3.4“激光切割小宠物”对比，这个课程对 MakerBrush 的学习就比较深入了。从“普通标牌”到“站立的标牌”，学生已经掌握了激光切割的原理。如果学生之前已经学过了“造物粒子”或者其他开源硬件的课程，就可以为自己的创客作品设计外观。MakerBrush 中内置了大量常见的电子模块，设计一个作品外观非常方便。

四、“偏应用”型主题活动课程案例

在“偏应用”型主题活动课程中选择了两个课程，分别为“设计一场木偶戏”和“速度的测量”。“设计一场木偶戏”是在掌握了掌控板的基本编程和舵机控制后，与艺术学科相结合的活动课程，学生需要制作木偶戏道具，并且编排一场戏剧。“速度的测量”则是掌握了掌控板的基本编程和传感器的使用后，与科学学科相结合的主题活动课程，学生需要制作测量工具，测量生活中各种物体的运动速度。

案例三　设计一场木偶戏

1. 课程简介

本课程的内容是发现木偶戏的动作并进行木偶戏的动作分析与制作，包括“欣赏各种木偶戏”“制作木偶戏道具”和“设计一场木偶戏”三个环节。学生将以掌控板编程和手工制作为基础，探索木偶动作的变化，设计展示有趣的木偶戏。

2. 涉及学科

物理、信息技术、通用技术、美术。

3. 课程提供

谢作如。

4. 适合学段

小学高年级、初中。

5. 课程设计

环节一　欣赏视频，体验木偶戏（认识与模仿）

【设计意图】

欣赏不同木偶戏的独特造型，制作一个简单的提线木偶。了解掌控板，通过编程体验舵机控制动作的过程。

【情境导入】

展示提线木偶的视频，让学生仔细观察表演时，艺人用线牵引木偶而表演的动作。

【相关知识】

提线木偶，如图 5-4-9 所示，顾名思义就是通过提拉线使木偶完成特定的动作。提线木偶一般会由五条线来控制，分别在四肢和头顶，提拉每一根线都会出现相应的反应，同时提拉几根线则可以完成一系列连贯的动作，这就形成了表演。

图 5-4-9　提线木偶

【体验活动】

利用剪刀、线、扣钉等配件，制作一个简单的提线木偶道具，如图 5-4-10 所示，并编排简单的故事。

图 5-4-10　简单的提线木偶道具

环节二　制作道具，设计木偶戏（学习与创作）

【设计意图】

小组合作，共同控制 2 个木偶进行表演，利用掌控板和舵机实现木偶动作的设计，设计操作装置并进行编程控制，对每个动作涉及的音乐及动作完成的流畅度进行设计。

【明确任务】

了解活动任务，分析掌控板和舵机的功能，并提出要求：让木偶伴随音乐演绎简短的故事。

【活动 1：制作操控装置】

找一个较大的纸盒，固定舵机和提线装置，参考效果如图 5-4-11 所示。

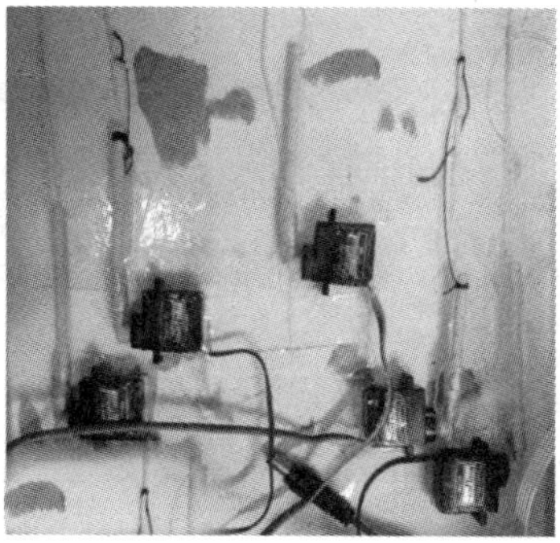

图 5-4-11　操控装置

【活动 2：设计木偶动作】

编写故事脚本，用表格逐步记录木偶的动作，如图 5-4-12 所示。

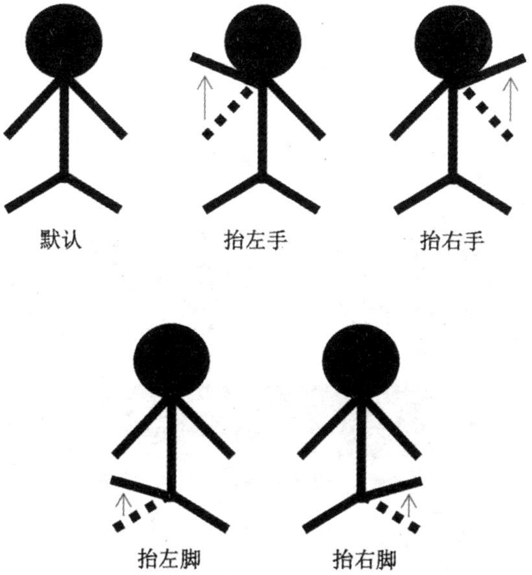

图 5-4-12　木偶的动作分析

【活动 3：编写程序代码】

打开 Mind+，选择“实时模式”，编写代码，控制相应的舵机，参考代码如图 5-4-13 所示。

图 5-4-13　控制舵机的参考代码

【活动 4：设计背景音乐】

当动作测试正确后，选择“上传模式”，让掌控板在控制舵机的同时播放音乐，参考代码如图 5-4-14 所示。

图 5-4-14　播放音乐的参考代码

环节三　拍摄视频，展示木偶戏（展示与分享）

【设计意图】

通过环节二的学习与设计，展示自己的木偶道具和动作，并拍摄一台木偶戏的设计、制作过程。

【视频拍摄】

撰写拍摄分镜头脚本，共同拍摄木偶戏的视频。

【成果展示】

真实表演结合视频播放，讲解作品。

【开源分享】

将作品和视频上传到DF创客社区，请更多的人来欣赏作品。

6. 课程点评

如果学生动手能力较好，可以考虑利用多个木偶，共同演绎比较复杂的木偶戏。在Mind+中有“实时模式”和“下载模式”两种方式，相对来说“实时模式”比较简单，对硬件的要求也不高。如果学生的编程基础较好，或者已经有掌控板的编程基础，建议使用“掌控板+音频模块”形式，用“下载模式”来制作木偶戏，那么这个作品就可以脱离电脑，只要插上电就能工作。

案例四 速度的测量

1. 课程简介

本主题活动的内容是有关“速度”的探究活动，通过设计不同的测速装置来探究速度的测量。活动分为体验测速装置、设计测速装置和应用测速装置等三个环节来开展。学生借助开源硬件，从测量、编程到实验，从零到一，一步一步地完成一个测速装置的设计，并应用于真实场景。

2. 涉及学科

物理、信息技术、通用技术、美术。

3. 课程提供

谢作如、李敦勇。

4. 适合学段

小学高年级、初中。

5. 课程设计

环节一　体验测速装置（认识与体验）

【设计意图】

对于速度的了解，我们只停留在肉眼观察速度的快慢和数学计算上的速度。本环节体验使用掌控板制作的测速装置，感受测速装置的精确计时功能，并理解其原理。

【情境导入】

用视频展示各种物体的运动，并对常见的速度进行比较。

提出问题：如何精确测量一个物体运行的速度？

【相关知识】

提供速度的计算公式，以及常见的测量手段。

【体验活动】

先用按秒表的方式测量玩具小车的速度，再利用自制的测速装置来测量速度。

分析自制的测速装置的原理。

环节二　设计测速装置（学习与探究）

【设计意图】

利用开源硬件的精确计时和快速运算功能，设计一个短距离的测速装置，可以测量某一物体通过某一位置的瞬时速度。

【明确任务】

明确要测量哪一种物体运行的速度，如玩具车、人的奔跑、手的挥动等。

【活动 1：选择测量硬件】

根据要测量的物体类型，选择合适的传感器。

方式 1：利用白纸和鳄鱼夹自制压感传感器，如图 5–4–15 所示。

图 5-4-15　自制压感传感器

方式 2：利用红外测障传感器或者超声波传感器，如图 5-4-16 所示。

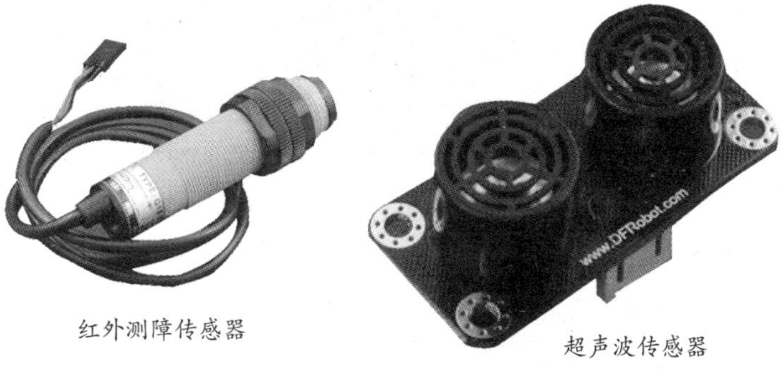

图 5-4-16　红外测障和超声波传感器

【活动 2：制作装置外形】

测速装置的关键，在于如何固定传感器，参考外形如图 5-4-17 所示。

图 5-4-17　参考外形

【活动 3：编写系统代码】

编写代码前，需要测量两个传感器之间的距离，如图 5-4-18 所示。参考代码如图 5-4-19 所示。

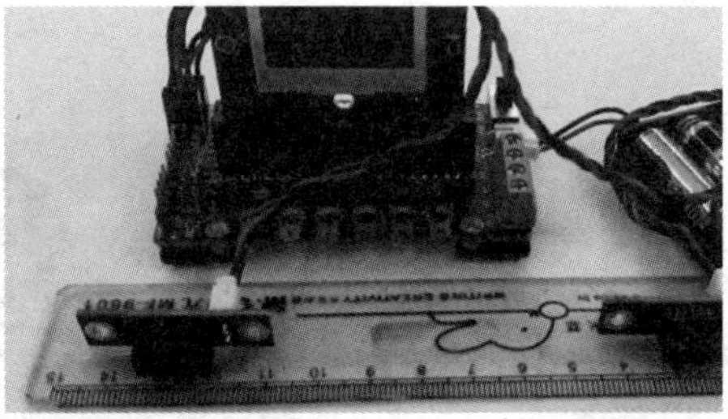

图 5-4-18　测量两个传感器之间的距离

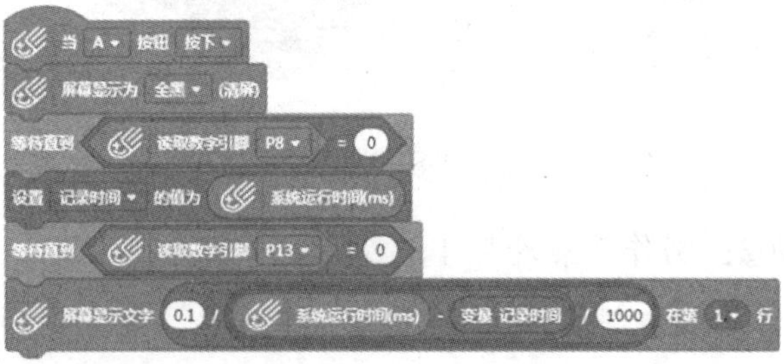

图 5-4-19　参考代码

【活动 4：调试测速装置】

创建测速的真实环境，测试装置是否准确、易用，并撰写测速装置的使用说明书。

环节三　应用测速装置（应用与分享）

【设计意图】

让学生利用自己设计的测速装置，在真实的场景中应用，不同的小组可以比较，看谁的测量是准确的。只有在真实的场景应用，才能发现作品的种种问题，同时体会到解决问题的快乐。

【成果展示】

让同一类的测速装置，同时测量物体运动，如图 5-4-20 所示，比较不同小组测量结果的差别，并寻找原因。

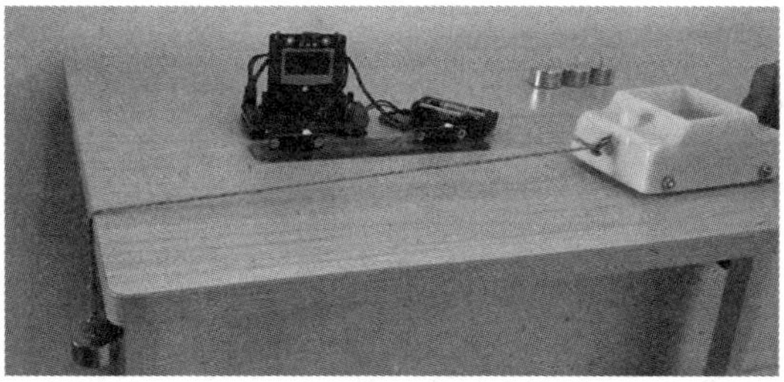

图 5-4-20　测速现场

【论文撰写】

根据教师提供的论文模板撰写科学论文，并制作演示文稿。

【开源分享】

借助演示文稿宣读论文。将作品和论文上传到创客社区，请更多的人来欣赏作品。

6. 课程点评

越来越多的科学老师意识到，科学教学中还应该重视数据实验，特别是数据挖掘方法的应用。在数据的获取、存储、分析和表达中，蕴含了大量数据探究方法和技巧，不仅涉及科学，还与数学、信息技术的核心素养直接关联。自己设计一个数字化工具，然后探究相应的科学实验是非常值得推广的创客课程。

五、主题活动课程的评价

对于主题活动课程的评价，一般倡导基于作品进行评价。但是不同课程的具体评价指标是不同的，对于课程的各个环节，甚至每一个小作品的制作，都可以进行简单的评价。对于学生的作品，建议采用星级评价，不宜使用过多的评价维度。

在课程案例“走近 3D 打印”中的 LOGO 作品，因为这是一个模仿性质的作品，重点关注的是技术细节，如能否熟练运用“高级模型拉伸功能”，能否熟练运用“布尔功能运算”等，具体评价内容如表 5-4-4 所示。

表 5-4-4　课程案例“走近 3D 打印”中对 LOGO 作品的评价

项目	内容描述	评价
1	会绘制一个 LOGO 图形	☆☆☆☆☆
2	会熟练运用高级模型拉伸功能	☆☆☆☆☆
3	会熟练运用布尔功能运算	☆☆☆☆☆
4	会绘制其他作品	☆☆☆☆☆

在课程案例“速度的测量”中的测试装置，需要关注的是这个装置能不能正常、方便地使用，至于外观是否好看，用了什么技术来实现就不重要了，具体评价内容如表 5-4-5 所示。

表 5-4-5　课程案例“速度的测量”中对测速装置的评价

项目	指标	评价
装置安装	简单方便	☆☆☆☆☆
装置使用	简单，开机即可使用	☆☆☆☆☆
测量效果	准确，有数字显示	☆☆☆☆☆

除了对自己的作品做自评，也需要评价他人的作品。评价他人作品

除了星级评价外，也可以具体记录自己的思考，如表 5-4-6 所示。

表 5-4-6　课程案例“设计一场木偶戏”中对他人作品的评价

谁设计的木偶道具	
木偶道具的名称	
能够做什么动作	
表演效果	
哪里值得学习	
哪里可以再改进	

第五节　创客类校本课程的开发

早期的创客课程一般以 1 个学分的校本课程形式出现。1 个学分 18 课时，按照一周一节课的标准，一门校本课程刚好可以上一个学期。开发一门课时较多的校本课程，难度比体验活动课程和主题活动课程要大很多。相对而言，创客课程的开发比其他校本课程受到的制约因素会多一些，不仅要考虑与国家课程、地方课程和其他校本课程的关系，还要考虑学校的办学特色，更要考虑课程实施的硬件条件。

一、创客类校本课程的选题

创客活动涉及的领域很多，如开源硬件涵盖了单片机、程序设计、电子电路、传感器技术等；结构设计方面涵盖了 3D 建模、二维制图等。因而，很多只要涉及动手操作的课程，如乐高积木拼搭课，或者涉及编程的课程，如 C++、Python 等，都会蹭“热点”说这是创客课程。创客课程和创客教育的边界应该如何划分，成为一道难题。

一般来说，我们不认为单纯的编程课程是创客课程，不然所有与计算机相关的课程都是创客课程了。无限扩大创客课程的边界是没有意义的。同样，我们也不认为单纯的纸艺、陶艺、3D 打印笔制作等就属于创客课程。在 18 课时的课程中，不涉及数字化加工工具，不让学生设计一个相对综合且具有一定复杂度的作品，至少不是一门好的创客课程。当然，创客课程的划分本来就没有定论，见仁见智。

在创客类校本课程的开发选题方面，需要考虑如下几点。

（一）参考课程标准，校本化处理选修模块

在《普通高中课程方案和语文等学科课程标准（2017 年版）》中，已经增加了很多与创客教育相关的内容。比如信息技术课程增加了开源硬件项目设计、人工智能初步、三维设计与创意等选择性必修模块，通用技术课程中增加了技术与生活系列、技术与工程系列和技术与创造系列模块，大部分内容与创客教育直接关联。

因为课程标准是针对全国的，是教学的底线；而国家教材也会因为课时不足，一些类似开源硬件、物联网、人工智能和机器人等新技术只能点到为止。因此，参考普通高中课程标准，将某个细节或者专题放大而形成一门课程，是开发创客课程的重要思路。如物联网技术在信息技术必修 2“信息系统与社会”模块中仅仅是一个主题活动，可以增加内容而形成一门课程。选择合适的硬件和软件，如掌控板和 Mind+，这个物联网专题课程可以直接用于小学或者初中。如果采用了 Python 和 pinpong 库，那就是一门适用于中学阶段的物联网方向的创客课程。这样的创客课程与国家课程形成了很好的互补关系。

（二）围绕“造物”设计多门课程，形成创客课程群

创客中的“物”是一个广泛的概念。造物涉及的技术和知识，也是无所不包。对于一所学校而言，需要开发一系列与“造物”相关的课程，如电子电路、结构材料、算法编程、数学建模、科学探究、艺术表现等方面。这些课程之间以网状连接，形成一个创客课程群，学生可以根据

自己的兴趣来选修。可见，开发创客课程，首先要组建一个跨学科的教研小组，然后按照技术方向划分模块。

如图 5–5–1 所示的是温州中学的基于跨学科理念的创客课程群框架。这些课程的跨学科特色明显，如“数学视野下的 3D 建模”是数学老师执教，“基于数字传感器的物理实验”是物理老师执教，“走近生活中的 3S 技术”则是地理和信息技术老师合作实施的。

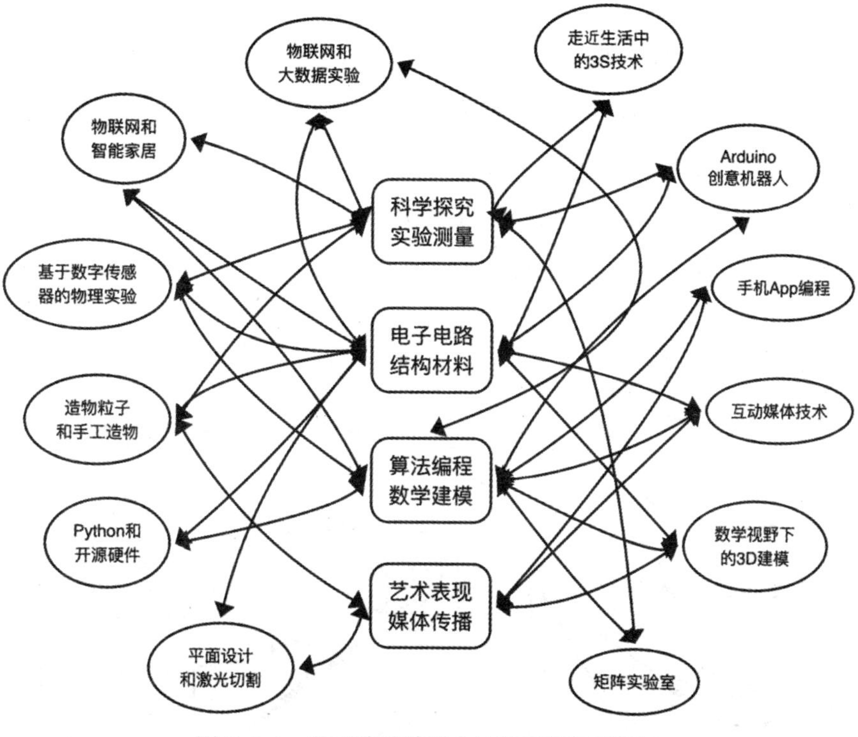

图 5–5–1　基于跨学科理念的创客课程群框架

（三）根据办学特色和硬件条件，开发相应课程

《基础教育课程改革纲要（试行）》将课程分为国家、地方和学校三级管理，是为了改变“千校一面”的课程状况。校本课程不能“全校一面”，创客课程更不能完全照搬其他学校或者企业开发的课程。即使引进一些创客课程，也要进行校本化处理。对于一所以科技为特色的学校和

一所以艺术为特色的学校，即使用的教学套件一样，实施的教学内容也肯定有所区别。创客课程的方向很多，教师要多参加社会创客活动，以千奇百怪、妙趣横生的创客作品为素材，挖掘其中的教育属性，从而开发成创客课程。

需要强调的是，教师要合理选择创客课程的实施场地，不要局限在创客空间里。不是所有的创客课程都一定要在创客空间中实施，比如 3D 建模的课程，在任何一个计算机房中都能实施，只要添置几台 3D 打印机；再如开源硬件的课程，同样可以在计算机房实施，只要在机房中配置一些教学器材套件；类似造物粒子结合超轻黏土的课程，在通用技术实验室或者艺术教室也都能实施。以温州中学为例，创客空间平时并不用于上课，而是课余时间向所有学生开放，是学生学习了各种创客类校本课程后的实践基地，如图 5-5-2 所示。

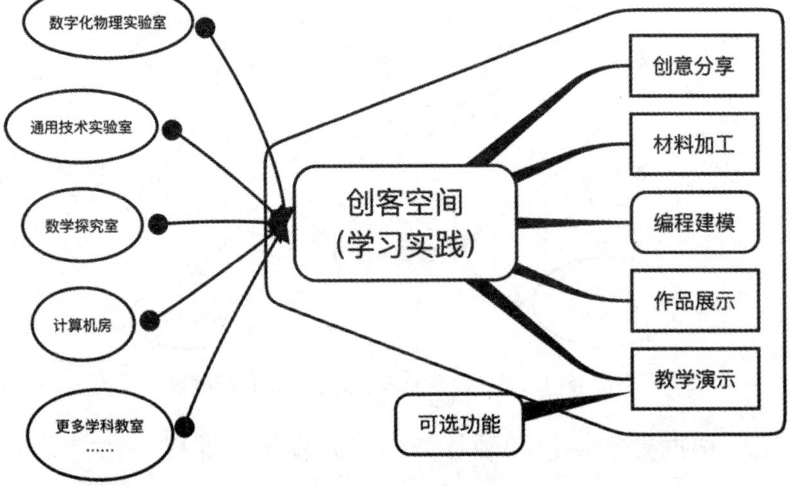

图 5-5-2　温州中学“创客空间”与其他课程实施场所的关系

二、创客类校本课程的设计

课时一多，创客课程设计的难度就大幅度上升了。课程设计者不仅要考虑如何合理分配课时，如何将技术学习和作品制作深度结合，还要考虑编写教材。一般来说，体验活动课程和主题活动课程因为课程的课时短，涉及的新知识也不多，编写教材的意义不是特别大，只要提供学生活动手册或者课程指南即可；而长课时的创客课程中，新技术和新知识较多，提供教材能够帮助学生更好地学习。

在造物方面，不同的学生因为动手能力的差别，在学习进度方面可能存在巨大的差别。如何让学习进度变得有序，是一道教学难题，对教师的课堂驾驭能力和教学设计能力提出较高的要求。结合笔者的课程开发实践，本书建议根据实际情况，按照“大项目式”和“结珠成串式”这两类结构进行课程设计。

（一）“大项目式”课程结构

所谓“大项目式”课程结构，指这门课程围绕一个大项目的设计制作而展开。一开始教师要给出项目任务，然后分析原理、学习技术、分步实施，最终逐步完成这个项目。普通高中信息技术课程中的选择性必修模块“开源硬件项目设计”，要求学生体验项目设计的完整过程，是典型的“大项目式”课程结构：[1]

> 通过本模块的学习，学生能搜索并利用开源硬件及相关资料，体验作品的创意、设计、制作、测试、运行的完整过程，初步形成以信息技术学科方法观察事物和求解问题的能力，提升计算思维与创新能力。

[1] 中华人民共和国教育部：《普通高中信息技术课程标准（2017 年版 2020 年修订）》。据《教育部关于印〈发普通高中课程方案和语文等学科课程标准〉（2017 年版 2020 年修订）的通知》：http://www.moe.gov.cn/srcsite/A26/s8001/202006/t20200603_462199.html。

本模块包括“开源硬件的特征”“开源硬件项目流程”“基于开源硬件的作品设计与制作”三部分内容。

“大项目式”的创客课程实施，对教师的技术水平和教学能力都提出了较大的挑战。因为作品的难度提高了，教师的水平也要相对提高，否则无法指导学生制作作品。同时，部分学生在课程的后期可能因为学习上的受挫而会出现倦怠，教师需要在教学中不断增加乐趣，鼓励他们继续学习。

（二）“结珠成串式”课程结构

“结珠成串式”结构借鉴了 STEM/STEAM 课程的设计方式，让多个活动按照一定的线索串在一起，这个线索可以是同一个主题，也可以是同一个类别。一个个活动犹如一颗颗珍珠，串在一起就形成了“项链”。以 3D 建模为例，可以选择十多个 3D 模型，按照作品的难度安排先后次序，然后组合在一起成为一个课程。这个学习过程类似《西游记》中的一道道关卡，在循环中螺旋上升，最终取得“真经”。

“结珠成串式”结构和“大项目式”结构并非完全相对，也可以通过巧妙的设计，让二者结合起来。比如著名的开源创客课程“Arduino 创意机器人”就采用了这样的方式，让多个同类的活动“聚类”为一个单元，每个单元完成一个相对复杂的作品，多个单元逐步提升难度，最终完成一个大的项目作品。

三、“大项目式”校本课程案例

“大项目式”校本课程以“互动媒体技术”和“智能小车巡线之旅”为例。这两个课程采用了典型的项目式学习理念来设计，最终学生要设计出一个互动媒体作品，或者让小车完成一个复杂的智能巡线任务。

案例一 互动媒体技术

1. 课程信息

课程提供：谢作如。

适合学段：小学高年级以上。

2. 课程简介

你去过科技馆吗？在科技馆中常见的电子鱼缸、互动投影、虚拟翻书和 4D 影院等科普观赏项目，正是采用互动媒体技术建构，其体现了科技和艺术结合的神奇魅力。“互动媒体技术”课程是一门涵盖计算机、智能手机、传感器技术和人工智能技术相关教学内容的课程。通过研究互动媒体作品中的人机互动技术，让学生自己动手设计、制作互动媒体作品，体验技术在生活中的应用，提高技术素养。课程从项目设计出发，关注学生的问题解决能力，整合了多个学科领域的知识，能很好地承载 STEM 教育理念。本课程为浙江省精品课程。

3. 课程内容

互动媒体技术的核心内容是传感器技术、单片机技术、编程技术和通信技术，涵盖了机械学、电子学、工程学、自动控制、计算机和人工智能等领域。课程的逻辑结构分为认识互动媒体技术、体验互动媒体技术、实验互动媒体技术和创作互动媒体作品等四个方面。具体的课程内容主要为：

（1）互动媒体作品的定义，常见互动媒体作品的分类和原理；

（2）以 Mind+ 为主的图形化编程语言的基本语法、算法的基本结构；

（3）开源硬件的基本运行原理和结构，常见传感器的分类和用途，LED、直流电机和舵机的使用方法，数字电路的基本知识；

（4）计算机串口、并口编程的原理和方法，信息编码的基本原理和应用；

（5）常见多媒体编辑与创作软件的使用。

4. 课时安排

“互动媒体技术”课程共设计了18课时，分为4个单元、9个主题，其中每个主题2课时，具体如表5-5-1所示。建议采用两节课连上的方式开展教学，让学生有足够的时间实践。

表5-5-1 “互动媒体技术”课程的内容安排

单元	主题	课时
第一单元 认识互动媒体技术	精彩的互动媒体世界——认识互动媒体技术	2
第二单元 体验互动媒体技术	有趣的积木式编程——走进Scratch编程世界	2
	我的第一个互动作品——Scratch互动作品设计	2
第三单元 实验互动媒体技术	外界信息的获取——Mind+和传感器	2
	我能改变世界——Mind+和输出设备	2
	神奇的信息传输——物联网传输	2
	互动的奥秘——MQTT协议原理	2
第四单元 创作互动媒体作品	打造我的互动作品——互动作品创意和实现	2
	让作品更完美一些——互动作品的评价和调试	2

5. 课程点评

互动媒体技术也称互动式多媒体技术，其关注计算机和用户、外界环境的信息互动，是新媒体艺术中的核心数字技术之一。这门课程从2010年开始设计，边实施边优化，仅仅核心技术平台就先后更换过Flash、VB、Scratch、Processing和Python等，最新版本使用了Mind+。这也是最早在创客嘉年华活动中展示的课程之一。

本课程虽然最早在高中阶段实施，但是完全可以在初中或者小学实施。学生只要有图形化编程的基础，就能利用Mind+、慧编程之类的软件设计各种有趣的互动媒体作品。目前，“Mind+ 和掌控板的创意互动”课程已经开源。从目标和内容上看，它就是“互动媒体技术”课程的低年级版本。

案例二　RoboRAVE 智能小车巡线之旅

1. 课程信息

课程提供：谢作如、刘正云。

适合学段：小学高年级以上。

2. 课程简介

RoboRAVE 工程挑战赛是一项国际机器人竞赛，主要有机器人巡线挑战赛、机器人灭火挑战赛、创新创意机器人比赛三项赛事，因其简单易上手、教育性和趣味性强的特点，近几年得到了迅速发展。本课程以机器人巡线挑战赛项目为教学内容，通过设计、搭建并编写程序控制机器人的学习过程，促进学生科学素养、动手实践能力、团队合作能力和语言表达能力的全面提高。本课程为浙江省精品课程。

3. 课程内容

以 Arduino 为平台的机器人课程教学需要搭建硬件、检测与控制电路，然后编写控制程序烧录代码，控制机器人的各种动作和行为。本课程以小车为线索开展教学，具体的课程内容分为九个小任务，具体安排如下：

（1）以“小车眨眼睛”和“天黑请开灯”为主题，展开对光线传感器和 LED 发光模块的学习，熟悉 Arduino 编程，掌握 Arduino 的基础知识。

（2）以“小车跑起来”为主题，通过小车走直线、跳“8”字舞以及避障的学习，掌握双轮差速原理和触碰传感器的学习，是 Arduino 基础知识的强化与深入。

（3）以“小车巡线”为主题，通过安装智能灰度传感器，让小车学会走“S”形路和“丁”字形路口，使其变得更加智能。

（4）以“RoboRAVE 巡线挑战赛”为主题，使其在限定的时间内自动完成巡线、运货、卸货、返回等任务。这是 Arduino 结合机械传动、结构模型等领域知识的综合运用。

4. 课时安排

“RoboRAVE 智能小车巡线之旅”课程共设计了 18 课时，9 个专题，其中每个专题 2 课时，具体如表 5–5–2 所示。同样建议采用两节课连上的方式开展教学，让学生有足够的时间实践。

表 5–5–2 “RoboRAVE 智能小车巡线之旅”课程的内容安排

课题	课时
专题 1　走进机器人的世界	2
专题 2　机器人眨眼睛	2
专题 3　天黑请开灯	2
专题 4　机器人跳“8”字舞	2
专题 5　给机器人装上触角吧	2
专题 6　机器人巡线走（一）	2
专题 7　机器人巡线走（二）	2
专题 8　RoboRAVE 巡线（一）	2
专题 9　RoboRAVE 巡线（二）	2

5. 课程点评

“RoboRAVE 智能小车巡线之旅”课程的选修人数最好控制在 30 人内，按照 2—3 人一套器材进行配置。因为使用了开源硬件，教学套件可以控制在 500 元左右。实施这一课程不需要专用的机器人实验室，普通的计算机教室即可（教室后面最好有一块 10 平方米左右的空场地，供机器人小车测试使用），推荐教学器材如 DFRobot 的

Romeo 小车或者麦昆小车。

“RoboRAVE 智能小车巡线之旅”课程的配套电子教材已经在 GitHub 上开源。从各地的反馈来看，颇受欢迎。本课程的教学器材同时可以用于“Arduino 创意机器人”的教学。

四、“结珠成串式”校本课程案例

“结珠成串式”校本课程以“Arduino 创意机器人”和“创意手工和互动电子”为例。其中“Arduino 创意机器人”分为智能 LED、智能风扇、智能小车这三个单元，每个单元都安排了多个相对独立的小项目，逐步提升难度。“创意手工和互动电子”同样是设计了由浅入深的十多个小项目，从基本输入 / 输出模块到各种逻辑模块，最终指导学生合作设计一个大的戈德堡装置。

案例三　Arduino 创意机器人

1. 课程信息

课程提供：谢作如、刘正云。

适合学段：小学高年级以上。

2. 课程简介

机器人是一门涉及运动学和动力学、系统结构、传感技术、控制技术等多领域的交叉学科，其强调手脑并用，让学生在学习过程中整合科学、技术、数学领域的知识，有效地提高学生的计算思维和创新实践能力，是实施素质教育的一个重要平台。Arduino 是著名的开源硬件，拥有大量的扩展模块，在全世界被广泛使用。通过 Arduino 平台可以让学生了解和掌握机器人的基本知识和技能，包括机器人机械部分、传感部分和控制部分的设计与搭建以及在这个过程中需要运用的各种知识，可以培养学生良好的信息素养、创新精神和实践能力。本课程为浙江省精品课程。

3. 课程内容

在基础教育领域，机器人可以与信息技术课程进行整合，也可以与通用技术课程整合，还可以与物理、数学、生物等相关课程进行整合。本课程主要涉及的教学项目有智能LED、智能风扇、智能小车等，分为3章22课，具体的课程内容主要为：

（1）智能LED系列，包括点亮LED、按钮控制的LED、创意LED三个专题，主要是Arduino的基础知识。

（2）智能风扇系列，包括智能风扇、变速风扇、创意风扇三个专题，主要是Arduino基础知识的强化与深入。

（3）智能小车系列，包括会走路的小车、避障小车、巡线小车三个专题，主要是Arduino机器人的综合运用。

4. 课时安排

考虑到教材的通用性，该教材主要分为三章，加上绪论部分共设计了22课，具体实施可根据当地实际情况，压缩为18课时或扩展为27课时。如果有条件，建议采用2课时连上的方式安排课时。教材中22课的安排如表5–5–3所示。

表5–5–3 “Arduino创意机器人”课程的课时安排

章节	课题	课时
绪论	认识机器人	1
第一章　智能LED	第1课　走进Arduino的世界	1
	第2课　闪烁LED	1
	第3课　按钮控制的LED	1
	第4课　聪明的按钮	1
	第5课　呼吸灯	1
	第6课　光控LED	1
	第7课　LED综合创意	1

续表

章节	课题	课时
第二章　智能风扇	第 1 课　声控风扇	1
	第 2 课　换挡风扇	1
	第 3 课　自动变速风扇	1
	第 4 课　遥控风扇	1
	第 5 课　摇头风扇	1
	第 6 课　自动跟踪风扇	1
	第 7 课　风扇综合创意	1
第三章　智能小车	第 1 课　会走路的小车	1
	第 2 课　会跳舞的小车	1
	第 3 课　避障小车	1
	第 4 课　防跌落小车	1
	第 5 课　巡线小车（一）	1
	第 6 课　巡线小车（二）	1
	第 7 课　小车综合创意	1

5. 课程点评

“Arduino 创意机器人”采用教学套件和“RoboRAVE 智能小车巡线之旅”一致，相当于可以使用不同的方式来实施以“Arduino 机器人”为主题的课程。根据各地的教学反馈，如果同时上课的学生超过 20 人，“结珠成串式”的结构明显比“大项目式”的结构要容易实施，教学过程的把控比较轻松。

“Arduino 创意机器人”已经衍生出四个版本，分别使用 Ardublock、Mixly、Mind+、诺丁等不同的编程工具，其中 Mind+ 和 Mixly 是小学的版本。据不完全统计，国内有近千所学校使用了这一课程。

案例四　创意手工和互动电子

1. 课程信息

课程提供：谢作如、刘正云。

适合学段：小学低年级以上。

2. 课程简介

“创意手工和互动电子”课程是一门涵盖传感器技术、人工智能技术和手工制作相关教学内容的课程。通过研究互动电子作品中的人机互动技术，让学生自己动手设计，体验技术在生活中的应用，培养技术素养和跨学科解决问题的能力。课程采用了能够快速上手的“造物粒子（Boson Kit）”套件，从项目设计出发，关注学生实际问题解决能力，整合多学科领域知识，能很好地承载STEAM（科学、技术、工程、艺术和数学）教育理念。本课程为浙江省精品课程。

3. 课程内容

创意手工和互动电子的核心内容是传感器技术、数字电路和手工制作，涵盖了机械学、电子学、工程学、自动控制和人工智能等领域。课程的逻辑结构分为基础、进阶、综合和创新四个方面，循序渐进。具体的课程内容主要为：

（1）常见的传感器的功能和使用方法。

（2）常见的LED、蜂鸣器、舵机等执行器的功能和使用方法。

（3）“与”“或”“非”等逻辑模块组成的基础数字电路。

（4）利用黏土、纸盒、冰棒棍等常见的造物材料制作手工作品，并结合传感器形成互动电子作品。

4. 课时安排

“创意手工和互动电子”课程共设计了18课时，分为16个主题，其中前15个主题各1课时，最后一个主题为3课时，具体如表5-5-4所示。

表 5–5–4　“创意手工和互动电子”课程的课时安排

单元	内容	课时
第一单元　初窥门径	第 1 课　按钮台灯	1
	第 2 课　换挡风扇	1
	第 3 课　报晓的公鸡	1
第二单元　牛刀小试	第 4 课　暴躁的小猪	1
	第 5 课　温控风扇	1
	第 6 课　下雨警报器	1
	第 7 课　感应发光小屋	1
	第 8 课　智能防火小屋	1
	第 9 课　声光互动灯	1
	第 10 课　惊喜礼盒	1
第三单元　如虎添翼	第 11 课　防盗展台	1
	第 12 课　智能路灯	1
	第 13 课　复古烛台	1
	第 14 课　找朋友机	1
	第 15 课　万圣节南瓜灯	1
综合作品	第 16 课　戈德堡大设计	3

5. 课程点评

这个课程采用造物粒子（Boson Kit）套件，结合乐高积木、纸艺、超轻黏土和激光切割等方式开展教学。造物粒子不需要编程，因而推荐艺术、科学、通用技术等学科的教师来实施这一课程。小学低年级阶段推荐结合乐高积木、超轻黏土或者橡皮泥，小学高年级阶段推荐使用乐造模块（“虚谷计划”中的一个开源结构件项目），中学以上推荐结合激光切割机等。

五、创客类校本课程的评价

对于创客类的校本课程，同样不建议采用纸笔形式进行评价，应该根据课程目标和内容，灵活采用各种评价方式。

如“Arduino 创意机器人”课程中设计的任务主要以实验操作为主，课程评价以作品评价法为主。作品可以是半成品也可以是成品，根据学生的实际情况来定，但是必须给出可行的设计方案，作品完成度越高，得分越高。平时作业和最终作品的评价量规如表 5–5–5 所示。

表 5–5–5 “Arduino 创意机器人”课程综合评价表

作品名称		小组成员		
评估指标	等级			分数
	A	B	C	
机器人知识和技术（15 分）	基本了解机器人的概念、工作原理以及传感器的作用（0—9 分）	理解机器人的概念、工作原理以及传感器的作用（9—12 分）	掌握并能应用机器人的知识和技术（12—15 分）	
跨学科的知识（15 分）	了解了与机器人学科相关的其他学科知识（0—9 分）	掌握了学科知识，但不能将机器人和其他学科联系起来（9—12 分）	能将其他学科的知识和机器人学科联系起来（12—15 分）	
创新能力（20 分）	只能按部就班地完成分配的任务（0—12 分）	能够设计出比较有创意的作品，但未能实现（12—16 分）	能够设计并实现比较有创意的作品（16—20 分）	
程序设计（15 分）	只会按照范例编写简单程序（0—9 分）	能编写和调试程序（9—12 分）	能编写、调试和优化程序（12—15 分）	
动手实践能力（20 分）	连接松散、连线无序（0—12 分）	连接牢固、连线有序，完成部分任务（12—16 分）	连接牢固、连线有序，整体合理巧妙，完成全部任务（16—20 分）	
实用性（15 分）	没有体现实用价值（0—9 分）	有一定的实用价值（9—12 分）	有较高的实用价值（12—15 分）	
作品总分				

“Arduino 创意机器人”课程还要求学生作品中必须包含如下内容：

作品名称、功能简介、设计意图、程序代码、结构图和创新点等内容。如果是成品，还要拍摄相应的视频（制作视频和演示视频）。

再如“RoboRAVE 智能小车巡线之旅”课程评价，可以直接参考 RoboRAVE 的巡线项目的比赛要求，设计相应的评分表，如表 5-5-6 所示。

表 5-5-6　RoboRAVE 机器人巡线挑战赛评分表

队名：____________________

事项	分值	完成情况	得分
离开基地	50		
停于卸货塔前	50		
卸货	100		
转身并开始巡线返回	100		
成功返回基地	100		
货物得分	每个 1 分		
总分			

按照这一评分表，在课程的最后阶段组织一场模拟比赛，就可以非常快速、准确地给所有小组进行评价，操作方便，而且效果很好。

第六节　创客课程开发面临的挑战和建议

虽然创客教育的发展已经进入了一个全新的阶段，但是依然存在各种瓶颈。任何一次课程改革，任何一个新教育思潮的到来，都会遇到来自各个方面的阻力。综合各种因素来看，创客课程开发是推进创客教育进一步发展的重要抓手，需要深入了解创客课程开发面临的挑战，然后分析可行的路径。

一、创客课程开发面临的挑战

创客课程是创客教育的载体，创客教育的普及需要大量的创客课程，但只有创客课程做到高质量、低成本才容易普及。开发这样的课程不仅需要一批具备课程开发和实施能力的创客教师，还需要一揽子能够激发教师分享课程的机制，才能促进创客教育的可持续发展。创客课程开发面临的挑战主要就来自这三个方面。

（一）创客课程的开发既要高质量又要兼顾成本

评价创客课程的质量高低有多个纬度。一般来说，一个高质量的课程有如下几个特征：课程目标要指向“创意物化”，课程内容要密切结合“设计制作”，解决的问题要源自真实生活，涉及的学科要多元，激发的思维要有深度，培养的能力要指向高阶。但是，追求课程质量的同时不能忘记“成本”。这里的“成本”指课程实施成本，主要体现在两个方面，一是经费，二是精力。

“经费”指实施课程需要的场所、工具和器材，包含硬件和软件。一门课程的实施，如果必须依赖非常专业的场所和工具，而建设这样的场所、购买这样的工具需要几十万甚至上百万元的经费，那么这个课程的质量再高也失去了价值。创客教育的最大价值在于普及、可复制。虽然开源硬件的价格已经很低，但创客教师在开发课程时依然会进行精心设计，追求一物多用。比如温州中学设计的“Arduino 创意机器人”教学套件，不仅可以用来上机器人课程，还可以用于“互动媒体技术”与“物联网和大数据实验”课程，甚至还能用于“基于 Arduino 的科学实验设计”课程，这就大大节省了课程开设的经费。不足数万元的创客空间方案，足以支撑一系列创客课程的实施，这对不发达地区和农村学校开展创客教育有着重要的意义。

"精力"指教师要实施这一课程需要付出的精力，体现在要胜任这一课程需要的学习时间，实施这一课程要付出的时间等。因为对绝大多数的教师来说，创客教育中的技术都是全新的，带领学生制作项目作品需要付出很多的精力。不可否认，在应试倾向极其严重的中小学教育中，学校管理部门将大量的资源都给了进入中高考的主科。开设创客教育对部分校领导来说，不过是锦上添花。如果一门课程的实施需要耗费教师太多的精力，又得不到相应的回报，肯定是难以普及的。本书之所以极力推荐学校要重点开设主题活动课程，是因为相对来说，主题活动课程对教师的技术要求要低很多。

（二）创客课程的开源分享需要机制的保障

一门好的创客课程是要经过不断迭代而开发出来的，以一人之力，水平再高的老师也难以完成。创客企业开发的课程，大都闭门造车，抛开课程质量不谈，实施成本一般都很高。但是，如果汇集多人之力以开源的方式开发创客课程呢？试想一下，千千万万散落在全球的程序员，居然共同完成了 Linux 这样庞大的操作系统、Python 这样优秀的编程语言，至今想来还不可思议。这就是开源的力量。

创客教育在短短几年之所以能够从星星之火形成燎原之势，其核心也在于开源文化。创客课程倡导采用各种开源软硬件，而这些软硬件随处可以获取。一门创客课程如果开源，那么全国乃至全球的学校都可以使用，并且可以得到很多一线教师的反馈。如温州中学的"Arduino 创意机器人"课程，是国内应用范围较广的开源课程。经过老师们的反馈，课程也越来越完善，不仅提供了教学套件，还提供了设计方案、电子教材、教学设计、课件、微课等一系列完整的课程资源。

只要有数十个类似"Arduino 创意机器人"的开源创客课程，就可以满足全国绝大多数的中小学实施创客教育了。目前，"Arduino 创意机器人"课程仅仅依靠创客教育的圈子进行流传。我们期望能建立一个创客课程开源分享平台，通过某一种机制，让更多的老师将课程分享出去，并且参与迭代，最终形成一个“创客课程书架”，自然而然地构成一个和而不同的教学体系。这种开源分享的机制包括了课程开发者应该获取的权利或者认可，毕竟在当前的教师评价制度中，并没有一个与开源课程相关的荣誉。如果这些课程非要采用出版教材的形式才能得到认可，就会将开源引到了闭源，走回了老路。

从另外一个角度看，课程开发不应该等同于文学艺术作品创作。这些年因为人们知识产权意识的普及，很多学校和教师开发的课程都被视为“商品”，不轻易呈现，这也影响了创客课程的开源分享。联合国教科文组织的第三次教育报告《反思教育》提出，要“重新界定教育和知识的概念，将其作为全球共同利益”，原文如下：

> 作者建议将知识和教育视为共同利益。这意味着，知识的创造及其获取、认证和使用是所有人的事，是社会集体努力的一部分。共同利益的概念让我们能够摆脱“公益”概念所固有的个人主义社会经济理论的影响。在界定什么是共同利益时，强调参与过程，其中考虑到环境、福祉概念和知识生态系统的多样性。知识必然成为人类共同遗产的一部分。要在相互依存日益加深的世界中实现可持续发展，就应将教育和知识视为全球共同利益。团结是人类共有的价值观念，在它的感召下，知识和教育作为全球共同利益这项原则会对众多利益攸关方的作用和责任产生影响。这适用于教科文组织等国际组织，本组织承担着全球观测和规范职能，有资格促进和指导全球公共政策辩论。

创客教育对“开源文化”的强调，和联合国教科文组织的观点几乎一致。我们期待有一天能够解决创客课程的开源机制问题，这需要更多人一起努力。

（三）创客课程开发和实施需要大量创客教师

很多学校满足于引进企业开发的创客课程，这种做法看似正常合理，其实是一种短视行为。教师即课程。创客课程本来就具备很强的个人特长倾向，更需要与教师自身紧密结合。创客课程开发“以人为本”的原则，就强调了这一点。引进的创客课程，其质量远远不如教师自主开发或者参与开发的创客课程。

创客课程开发需要创客教师，课程的实施更需要教师。但是从全国层面看，有很大一部分学校并非由本校教师来执教创客课程，而是委托给第三方教育机构，以购买社会服务的形式来实施创客教育。越是大城市，这样的现象就越普遍。当然，借助社会力量来弥补当前教育力量不足的做法无可厚非，但始终不是长久之计。换一个角度看，能够胜任创客教育的师资越少，越能说明我们之前的教育体系存在种种问题，越应该出台政策鼓励教师参与创客教育。

就目前而言，中小学应当鼓励以信息技术、通用技术和中小学综合实践活动的教师为核心，汇聚科学、艺术、数学等学科教师以及校外专家组成课程开发团队，发挥团队的力量，共同提高。

二、给创客课程开发者的建议

教师是课程开发的核心力量。对教师而言，如果对创客教育感兴趣，并且准备开发创客课程，成为一名教育创客，可以参考如下几点建议。

（一）融入创客运动

创客教师首先要做一名创客，了解创客文化，加入创客社区。加入创客社区没有什么严格的手续，以 DF 创客社区为例，只要打开网站，浏览自己感兴趣的帖子，然后购买相应的器材进行重做即可。遇到问题就发帖提问，或者加入各种创客的微信群进行提问，绝大多数的创客们都会热情回答各种问题，比如著名的“猫友汇”、“蘑菇云”QQ 群、微信群中汇聚了来自不同地区的创客教师，常常会开展网络教研活动。

除此之外，建议参与当地或者离自己最近的社会创客活动，如创客嘉年华或者 Maker Faire 活动。

（二）找到个人兴趣

创客是兴趣驱动的群体。以开源硬件为例，艺术教师用来做互动媒体，科学教师用来做数字探究，通用技术教师用来做机器人，信息技术教师用来教编程。要找到自己的兴趣点，找到擅长的领域，然后动手实践。创意当实现。结合自己的某个创意，然后在实现过程中不断优化，不断提升自己的水平，这就是典型的创客活动。只有体验过这样的造物过程，才能真正理解创客教育的价值。而自己造物的这段过程，经过整理就是一个优秀的主题活动课程。

（三）形成跨学科教研团队

创客是一个群体，不提倡单打独斗。开源的目的是什么？是为了让更多的人和自己一起研究。创客活动是典型的跨学科学习，对于大部分教师来说，都缺少跨学科学习方面的专项学习经历。一个自身都缺乏跨学科解决问题经历的人，又如何指导学生做跨学科学习研究？那么由不同学科老师组成的教研团队，就能很好地进行合作互补了。2017 年，国内第一个教师创客能力评比活动在温州平阳县举办，在参赛规则中就特意规定参加比赛的教师要组队参加，并且必须来自不同学科，这就强调了跨学科合作的意义。

第六章

创客教育的实践案例

从 2015 年开始，我们在《中国信息技术教育》杂志开设了一个专栏，专栏的名称为《生活·技术·探究》。专栏旨在引导更多的老师和学生去做跨领域的、跨学科的、立足真实世界的项目研究，几年下来积累了很多案例。为了便于叙述，我们将这些案例分成趣味电子、互动媒体、科学探究、创意设计、万物互联和人工智能等几个类别，并且分别精选出两个案例供创客教育工作者参考。

第一节 趣味电子

虽然说创客教育关注的是造物，但对于“物”的定义，往往会偏向于“电子”“信息技术”“智能”等方向。“趣味电子”指的是用开源硬件结合各种传感器和输出模块制作的电子装置，强调“趣味”，则是为了突出这一类作品的可玩性。在创客活动中，趣味性是吸引学生的重要法宝。

在生活中处处可以看到趣味电子方向的作品，最常见的莫过于儿童的电子玩具。国内早期的创客，如李大维、叶琛等，都曾经采用开源硬件给自己的孩子做各种亲子玩具。无聊盒子、虫虫机器人，用电子黏土做出的各种互动作品等，既是创客作品，也是儿童玩具。除了制作玩具之外，我们更需要引导学生观察生活，然后用造物的方式来解决各种问题。比如妈妈下雨天常常忘了收衣服，可以设计自动收缩的晾衣架；爸爸工作时常常坐姿不端正，可以设计一个坐姿提醒器等。

智能日晷和荧光舞表演服这两个创客作品的开发初衷，都是为了解决真实的生活问题。因为是早期的创客作品，二者都采用 Arduino 作为核心控制板。实际上，除了 Arduino 外，也可以选择掌控板和 micro:bit 等。制作这些创客作品，学生不仅要掌握单片机的编程知识，还需要结合各个学科的知识，比如智能日晷的设计需要理解地理的阴影知识，荧光舞道具的设计则与艺术密切相关，需要了解舞蹈和音乐节奏方面的各种知识。

案例一　地理与技术：智能日晷的设计[*]

（一）案例信息

核心器材（工具）：Arduino、Mixly。

案例提供：谢作如、刘正云。

适用学段：小学高年级以上。

（二）案例内容

所谓日晷，就是白天通过测日影定时间的仪器，如图 6-1-1 所示。利用日晷计时的方法是人类在天文计时领域的重大发明，这项发明被人类沿用达几千年之久。

图 6-1-1　日晷

传统日晷的最大不足在于要靠人工去看时间，这很不方便。如果利用 Arduino 配合传感器做一个可以自动判断时间的“智能”日晷，是否既传承了古代科技的伟大，又结合了现代科技的神奇？

1. 日晷的工作原理

日晷通常由晷针和晷面组成，垂直穿过圆盘中心的是晷针，与地轴平行；石制的圆盘叫作“晷面”，安放在石台上，呈南高北低，与赤道平行。从原理上来说，根据影子的长度或方向都可以计时。一天当中，太

---

* 本案例原载于《中国信息技术教育》，选入时作者有改动。

阳最高位于正南，为地方时 12 点。根据每小时走 15 度的运动规律，太阳的位置每变动 15 度，时间上就相差一小时。日影与太阳位置相反，太阳的位置变动多少度，影子的位置也会跟着变动多少度。早晨，影子投向盘面西端的卯时附近；当太阳达正南最高位置（上中天）时，针影位于正北（下）方，指示着当地的午时正时刻；午后，太阳西移，日影东斜，依次指向未、申、酉各个时辰。

日晷的晷面有十二个区，即子、丑、寅、卯、辰、巳、午、未、申、酉、戌、亥，分别代表了十二个时辰。根据日晷的运行原理，只要利用传感器得到影子的方向，就能计算出当前的时间。那么利用什么办法获知影子的方向呢？我们选择让舵机带着一个光线传感器做一次半圆周运动，然后算出数值最小的角度——即阴影所在的角度。至于时间的显示，可以用 LED 来表示，发光总比晷盘上的数字更加明显。

2. 硬件实现

首先要设计晷面和晷针。我们使用 AI 设计软件分别设计出晷面以及装器材的盒子，用奥松板在激光切割机中切割出来，并在晷盘上放置 7 个 LED 发光模块，分别代表上午 6 点、8 点、10 点，中午 12 点，至下午 2 点、4 点、6 点的七个时间点，两个 LED 发光模块的中间则对应为上午 7 点、9 点、11 点和下午 1 点、3 点、5 点，如图 6–1–2 所示。

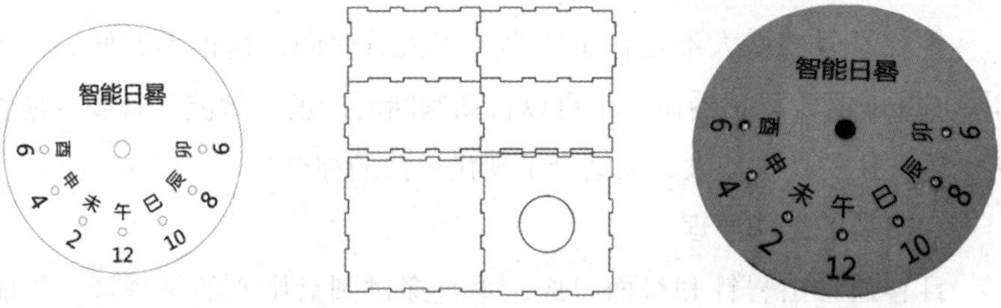

图 6–1–2　智能日晷晷面及盒子设计

将智能日晷的晷针根部连接舵机模块，晷针上连接横向结构件，并放置光线传感器模块，整个智能日晷的启动由按钮控制。按下按钮，程序启动，舵机转动并带动晷针在晷面上方转动 180 度，用光线传感器模块测量七个时辰 13 个时间点的阴影强弱程度，光线最弱位置的时间点即为此时具体地方时间，若地方时为上午 6、8、10、12 及下午 2、4、6 时整，则对应 LED 发光模块点亮；若地方时为上午 7、9、11 及下午 1、3、5 时整，则其左右两边的 LED 发光模块一起点亮。

智能日晷用到的硬件器材清单如下：Romeo 控制器（可以用任何一款 Arduino 主板）、LED 发光模块、模拟环境光线传感器、舵机、按钮。分别将七个 LED 发光模块连接在 Arduino Romeo 控制器的数字针脚上；将光线传感器接在 Arduino Romeo 控制器的模拟针脚上，如模拟针脚 1；将舵机接在 Arduino Romeo 控制器的数字针脚上，如针脚 11；同时将控制程序启动的按钮接在控制板的数字针脚上，比如针脚 13。硬件连接如图 6–1–3 所示。

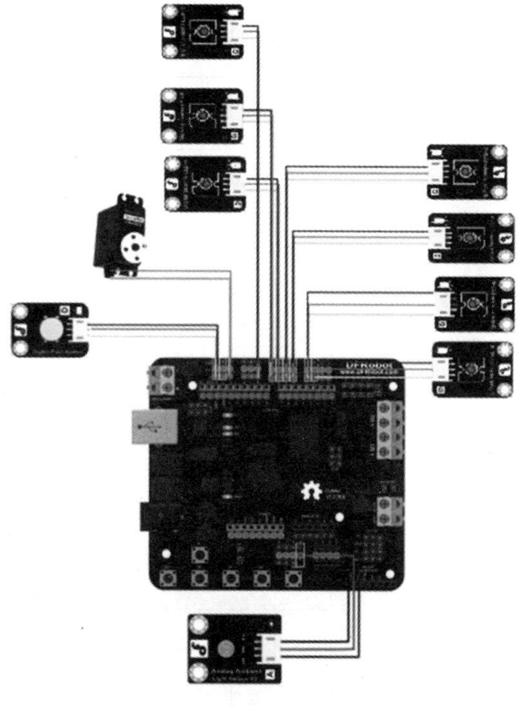

图 6–1–3 智能日晷的硬件连接

3. 软件实现

智能日晷的程序主要包含三个部分，一是获取各个角度的光线数值，二是计算出最小的数值位置，三是显示时间，即移动点亮相应的 LED。智能日晷运行流程图如图 6–1–4 所示。

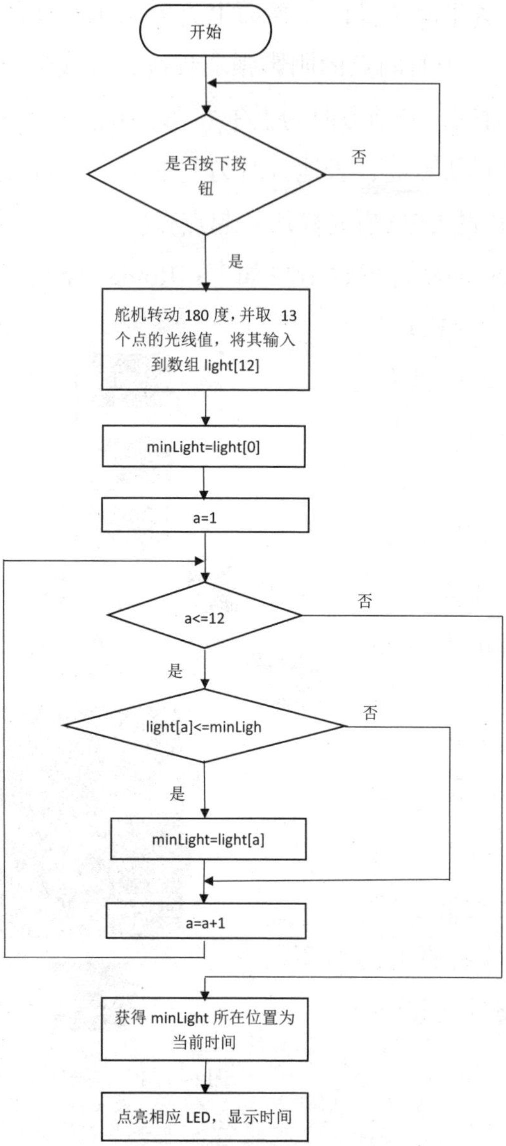

图 6–1–4　智能日晷运行流程图

在应用启动之初，首先需要将七个 LED（针脚 2—8）全部熄灭，将舵机转到 0 度待命，同时将 0 度（也就是早上 6 点）位置上的光线值赋给最小光线值变量 minLight，程序如图 6–1–5 所示。

图 6–1–5　应用启动准备

主程序第一部分如图 6–1–6 所示，是转动舵机并获取晷面 13 个时间点所在位置光线值的程序。使用数组 light 存放不同位置的光线值。舵机在晷面不同时间点的具体位置依次转动，根据日晷工作原理可知，每两个时间点间隔 15 度，因此舵机转动、舵机下方对应 LED 点亮、光线传感器获取不同时间点位置的光线值并将其存储在数组中，变量 a 为数组 light 的下标。根据数学运算可得知，舵机转动角度为 a × 15，舵机下方对应 LED 针脚值为 a ÷ 2+2。

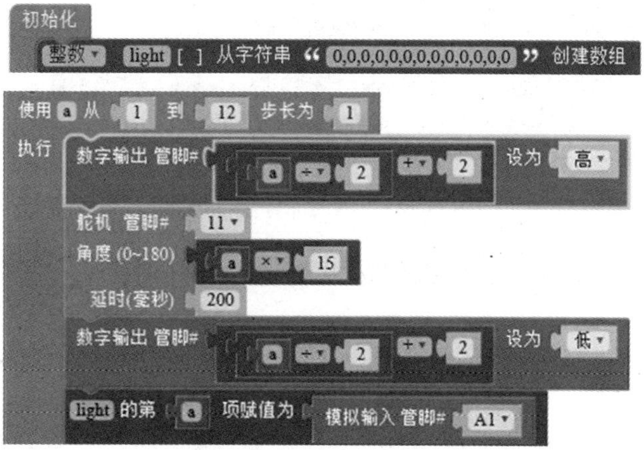

图 6–1–6　第一部分主程序

程序的第二部分如图 6–1–7 所示，是求出不同时间点位置光线值中最小的一个，也就是太阳阴影的所在点，哪个时间点位置光线值最小，该位置所显示的时间点即为此时具体地方时间。

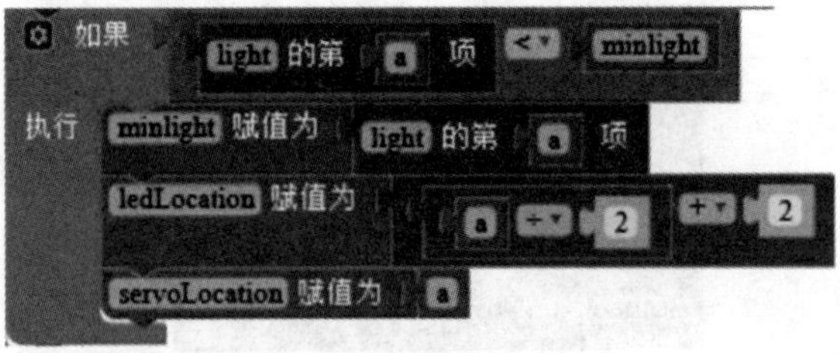

图 6-1-7　第二部分主程序

最后，将晷针移至光线最暗的时间点位置，并点亮此处的 LED 发光装置。倘若晷针正好指向 LED 发光装置，则点亮该 LED；倘若晷针指向两个 LED 发光装置之间，则同时点亮其左右两个 LED 发光装置，程序如图 6-1-8 所示。

图 6-1-8　第三部分主程序

当然，整个智能日晷由按钮按下启动，千万不要忘记按钮功能实现的程序编写。

4. 作品测试

完成硬件和代码后，便可以开始测试。按下按钮，晷针运行 180 度之后，又回到光线最暗的地方，并点亮了相应的 LED 发光装置。当看到日冕变得智能后，有没有一种“老树开花”的感觉？

当然，要实现影子的智能测量还有很多方法，利用摄像头识别也是很好的方案之一。这需要学习图片处理方面的知识，要求较高，并且智能硬件要改为树莓派或者虚谷号，才能完成图像数据的运算处理。

（三）案例点评

智能日晷是一个非常适合中小学生的研究项目，其价值是将现代电子技术与古代天文科学原理相结合，通过动手造物的形式，让学生真正理解影子、太阳和时间之间的关系。小学科学课程中本来就有相关的学习内容，二者完全可以结合起来学习。通过现代电子技术，重新对传统工具、玩具等进行设计、改造是很有价值的创客项目。如使用距离传感器制作手势控制的二胡，使用电机和无线遥控器制作可遥控的电动龙舟，使用蜂鸣器、LED 发光模块等制作更具互动效果的舞狮，利用多个舵机、MP3 模块和激光切割机设计独具一格的皮影等。

案例二　艺术与技术：智能荧光舞表演服的设计 *

（一）案例信息

核心器材（工具）：Arduino、Arduino IDE、冷光线。

案例提供：谢作如、陈俊廷。

适用学段：小学高年级以上。

（二）案例内容

在温州中学的文艺汇演上，我们给表演舞蹈的同学们制作了荧光舞表演服。漆黑的舞台，闪烁的灯光，配合音乐、舞蹈，引来观众此起彼伏的欢呼声。相对于常见的唱歌和舞蹈节目，酷炫的荧光舞的确能给观众带来完全不一样的感觉。事后有很多人跟我交流，说如果演员的服装能够变色，效果肯定更好。

两年后，我们再次为南科大的迎新晚会制作了能变色、变身的荧光舞表演服。经过一周的准备，我在上一版本的荧光舞表演服基础上做出相应的改进。这个节目同样成为迎新晚会上最酷炫的节目，吸引了观众的眼球。

* 本案例原载于《中国信息技术教育》，选入时作者有改动。

1. 准备阶段

对于荧光舞表演服的制作，一般有两个选择：一是做一套开关在手上、完全由演员在跳舞的过程中自行控制灯光的荧光舞服装；二是做一个由芯片控制灯光的“智能”荧光舞服装，演员只需专心跳舞，灯光会和音乐根据时间同步变化。考虑到同学们没有太多的时间排练舞蹈，我们选择了后者，让演员在跳舞的过程中不会因分心而忙中出错。

首先要解决灯光控制的具体实现。控制芯片选择最常见的 Arduino。光源选择市面上常见的 EL 冷光线，控制它只需要一个 I/O 口，很方便。EL 冷光线的电源需要 12 V，经过变压后电压可能达到 40 V 以上，Arduino 是没法直接供电的，所以采用继电器模块来控制灯光。至于衣服，只能选择黑色了，能让人在黑暗中不易被发现。

第一次制作的时候，使用的 EL 冷光线电源是商家提供的 8 节 1.5 V 干电池电源。但是这种电源不仅体积庞大，还很沉重，加上 Arduino 的锂电池，对舞蹈者的动作也产生了一定的影响。第二次制作就学聪明了：一是用 12 V 干电池作为电源。经过测试，一节干电池的供电时间足够支持一次舞蹈。于是自制了 4 节 12 V 电池的电源，从而舍弃了商家给的 8 节 1.5 V 电池的电源。二是换用了 DFRobot 的 RemeoV2.2 的控制器。这款控制器的接口是普通的迷你 USB，可以用体积和质量都比较小的一次性充电宝供电。二者一结合，在电源方面就大大减轻了表演服的重量。

2. 制作过程

首先要将 EL 冷光线粘到衣服上，先前须设计好图案，图案最好能展现出关节、肌肉的轮廓，这样舞蹈会显得美观。用两条不同颜色的 EL 冷光线的切换实现变色，如图 6-1-9 所示，这是变色的第一步。

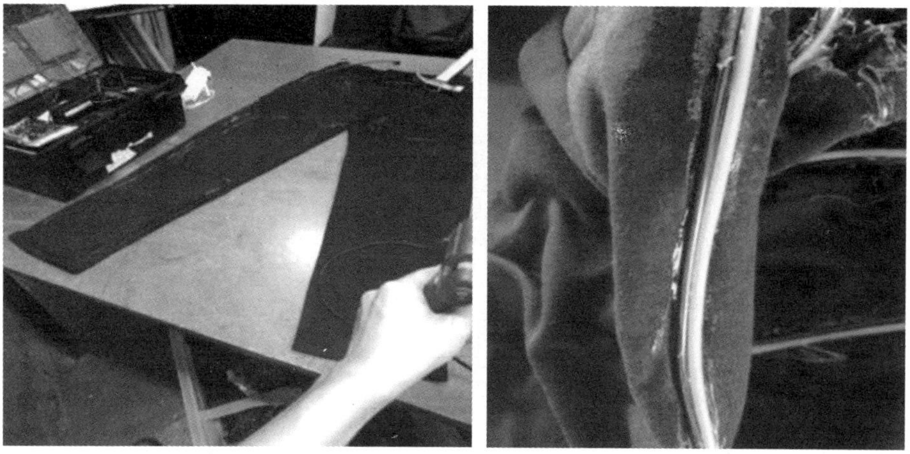

图 6-1-9　制作过程 1

然后将继电器接入到 EL 冷光线的电路中，一并缝制在衣服上，如图 6-1-10 所示。

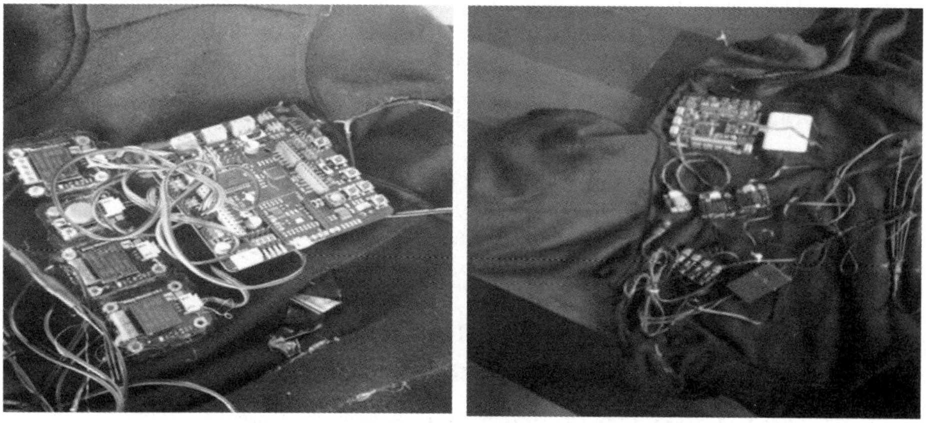

图 6-1-10　制作过程 2

3. 代码编写

衣服做好以后，开始对 Arduino 进行编程，让灯光随着音乐的时间闪烁。经过规划，表演服可以实现人在高空中消失，从空中落下，原地翻转，甚至实现了千手观音的效果，具体规划如图 6-1-11 所示。

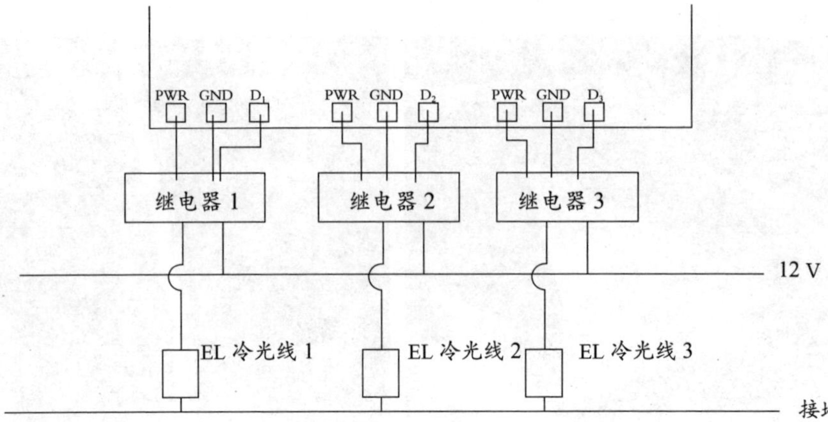

图 6-1-11 编程规划

要实现更酷的效果，灯光肯定要进行分段控制。一个继电器控制着一段灯光，比如继电器 1 控制的是紫色的灯光，继电器 2 控制的是一段蓝色的灯光，继电器 3 控制的是另外一段蓝色的灯光。这样便可以实现变色、变身等效果了。Arduino 的 I/O 端口有 20 个，足够用了。

至于 Arduino 的编程倒真没有任何的技术含量，就是用 delay 来控制端口的开和关即可。从下面的一小段程序中，可以看出控制的实现。

```
int VARIABLE = 0 ; // 给变量赋值
void setup(){
pinMode(4,INPUT); // 设定 4 号口为输入端
pinMode(9,OUTPUT);  // 设定 9 号口为输出端
pinMode(8,OUTPUT);  // 设定 8 号口为输出端
}
void loop(){
 if (digitalRead(4))   // 如果按钮按下
 {
 for (VARIABLE = 1; VARIABLE <= ( 1 );VARIABLE ++ )  // 执行
```

一次

```
    {
    delay(6800);// 延时 6.8 秒
    digitalWrite(9,HIGH); // 给 9 号口一个高电平
    digitalWrite(8,HIGH);  // 给 8 号口一个高电平
    delay(3400); // 延时 3.4 秒
    digitalWrite(9,LOW); // 给 9 号口一个低电平
    digitalWrite(8,LOW);  // 给 8 号口一个低电平
}
}
}
```

以上是一个简单的例子。当然在时间的编写过程中最好能在每一个延时后面标记上这是第几秒，方便之后的修改。

写完代码后，就要进行严格的测试。比如当跳舞的同学跳到半空中时要灭灯，可不能让灯灭早了或灭晚了，要让效果精确，只能不断地测试，不断地修改，没有捷径可走。

4. 遇到的问题

所谓没有最好只有更好，虽然是第二次做表演服了，还是遇到一些问题，比如：

（1）灯光的色彩变换。虽然第二次制作进行了改进，但也仅仅实现了变色变身的第一步，而且颜色变换很僵硬。如衣服上有蓝色、黄色两种颜色的冷光线，那么就只能实现蓝色变黄色，不能变成其他颜色。等衣服做好了，我才想到了有 RGB 调色的方法，可以用几根规格比较细的三原色的 EL 冷光线组合，也许可以实现多种颜色自由变化。这就只能等第三次做衣服的时候改进了。

（2）衣服布线有些凌乱。因为增加了色彩，意味着同步增加了 EL 冷

光线和继电器的数量。带来的结果则是衣服的背面都是导线和电子元件，看起来很凌乱。这导致衣服的保护和维修工作成为“技术活”了。最糟糕的是线路也容易损坏。解决方案应该是采用模块集成的方式来让整个衣服更加精致。而且，导线模块化后，衣服背面也可以做上灯光，演员舞蹈时的转身动作看起来会更加美观。

（3）整体质量还是太重。现在衣服需要两个电源，一个给芯片供电，一个给 EL 冷光线供电，还需要找个稳定的方案，将两个电源合二为一以减轻重量。

（三）案例点评

陈俊廷同学在回忆两次表演服的制作经历时提到，每一次制作都得到很大的收获，“做中学”说的也许就是这样的道理。荧光舞的表演服装是个性化的，需要和舞蹈的内容密切相关。说起来这表演服还有很多可以改进的地方，限于技术瓶颈或者时间紧迫等原因没有解决。因为当时物联网的技术还没有普及，网络模块的价格也过于昂贵。下一版的表演服完全可以采用物联网的技术，采用外部程序进行远程控制，那么就会更加灵活。

第二节　互动媒体

“互动媒体”(Interactive Media) 又称“互动多媒体”“互动式多媒体”，是在传统媒体的基础上加入了交互功能，通过交互行为使人以多种感官来感知信息的一种新媒介形式。通过互动媒体作品，观众不仅可以看得到、听得到，还可以触摸到、感觉到、闻到，甚至还可以与之互动，从而获得全新的体验。

究其实质，互动媒体是一种使用计算机技术和网络技术处理多种媒体而集成的交互系统。互动媒体广泛应用在了各类展厅中，如电子鱼缸、互动投影、虚拟翻书和 4D 影院等项目，体现了科技和艺术结合的神奇魅力。互动媒体展示了光怪陆离的奇幻世界，激发了青少年的好奇心和求知欲。

开源硬件 Arduino 诞生于意大利的一个艺术学院。随着科技的发展，艺术家们已经不再满足于传统的艺术表达手段，而开源硬件将单片机技术的门槛降低，自然而然得到艺术家们的热捧。互动媒体是创客们经常涉足的领域，国内早期的创客空间也是由清华美院、中国美院等艺术院校建立的。在中小学的创客空间也能看到大量类似的创客作品。

在这一节中，我们精选了挥手机器人和启动仪式道具两个作品。其中，挥手机器人关注的是人和机器（开源硬件）的互动，给人以“人机合一”的美好感觉；启动仪式道具则是一个典型的多人互动作品，将观众的参与和媒体的播放控制进行了实时互动。物理世界和虚拟世界的联通，为创客作品的开发提供了新的思路。

案例一　挥手机器人：人和机器的互动 *

（一）案例信息

核心器材（工具）：Arduino、App Inventor 2。

案例提供：李曙强、郑祥。

适用学段：小学高年级以上。

（二）案例内容

“挥手机器人”的想法是源自于脑袋里突然闪过的一个灵感，即当用户举手挥动手臂的时候，机器人也会跟着一起挥手，且挥手的方向保持一致，就相当于跟机器人一起参加演唱会一样。

1. 工作原理

每一款手机都会自带一个加速度传感器，即陀螺仪。加速度传感器

* 本案例原载于《中国信息技术教育》，选入时作者有改动。

可以感知当前手机所处状态的 *x*、*y*、*z* 轴的 3 个分量的加速度，图 6–2–1 为手机平放时 *x*、*y*、*z* 轴加速度分量的方向。

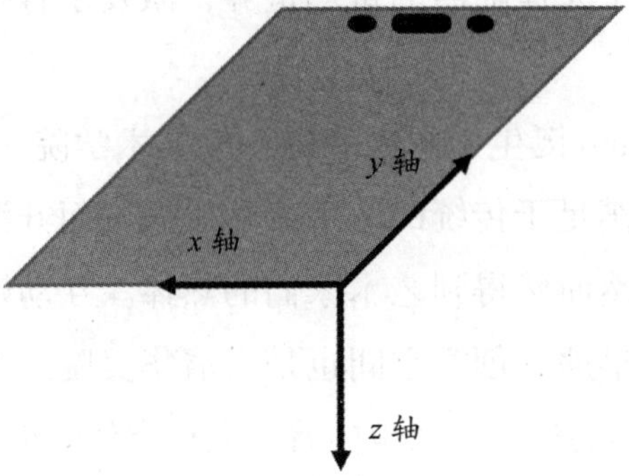

图 6–2–1　手机平放时 *x*、*y*、*z* 轴加速度分量

当手机摇晃的时候，*x*、*y*、*z* 轴上的 3 个加速度分量会发生相应的变化，如表 6–2–1 所示。当然，表中的这些数据是根据自有手机测试出来的，不同的手机，测出来的数据未必相同。

表 6–2–1　手机摆放与 *x*、*y*、*z* 轴加速度分量

手机摆放示意图	*x* 轴	*y* 轴	*z* 轴
	–10	0	0
	–7.890 34	5.869 6	0.614 96
	0	10	0
	7.786 24	5.846 86	2.401 2

续表

手机摆放示意图	*x* 轴	*y* 轴	*z* 轴
	10	0	0

其实，我们只需要手机在垂直状态下左右摇晃的传感器数据，如表 6–2–2 所示。我们可以发现，手机向左或向右摇晃，与 *x* 轴加速度分量的变化是一一对应的，因此可以根据 *x* 轴加速度分量的变化判断手机摇晃的方向。

表 6–2–2　手机摇摆方向与 *x* 轴加速度分量的变化

手机位置	位置 1	位置 2	位置 3	位置 4	位置 5
示意图					
x 轴加速度分量	10	7.786 24	0	–7.890 34	–10

怎么知道手机的运动方向呢？很简单，只要隔一定的时间，获取传感器数值，然后相减，根据结果进行判断。具体如下：

定义：Xq 为前一位置 *x* 轴加速度分量，Xh 为当前位置 *x* 轴加速度分量。

若 Xh–Xq>0，则手机向左摇晃；若 Xh–Xq<0，则手机向右摇晃。

2. 材料选择

根据需求，若要根据手机的挥动控制机器人执行“挥手”动作，则手机与机器人间需要通信模块；而机器人若要执行“挥手”动作，则需要一个控制器及舵机等执行模块。

手机与机器人之间的通信方式有很多，我们选择了最常见的一种通信方式——蓝牙。手机在挥动时，通过手机的蓝牙通信模块将相应的指令（如“L”，即向左挥手）发送给挥手机器人的控制器，控制器根据接收到的指令对机器人的执行模块舵机做出相应的动作。

制作本作品所需要的材料及其说明，如表 6–2–3 所示。

表 6–2–3　挥手机器人材料选择

名称	数量	说明
Arduino Uno	1 个	机器人控制模块
Bluetooth V2.0	1 个	机器人与手机的通信模块
Arduino 拓展板	1 个	带蓝牙通信模块的接口
SG90 舵机	1 个	机器人挥手动作的重要模块
亚克力板切割块	若干	挥手机器人的支撑和支架
螺丝、螺母	若干	固定机器人的结构
扎带	若干	辅助固定机器人的结构

3. 结构搭建

挥手机器人的结构一定要稳固，不然在执行“挥手”动作时，会影响机器人的平衡。

搭建机器人“骨架”结构时，我们采用轻巧且又便宜的亚克力板，用激光切割机进行切割。利用这些板子和螺丝、螺母，我们很快完成了机器人的“骨架”，并将 Arduino UNO 板、蓝牙通信模块、舵机安装在机器人“骨架”上，效果如图 6–2–2 所示。

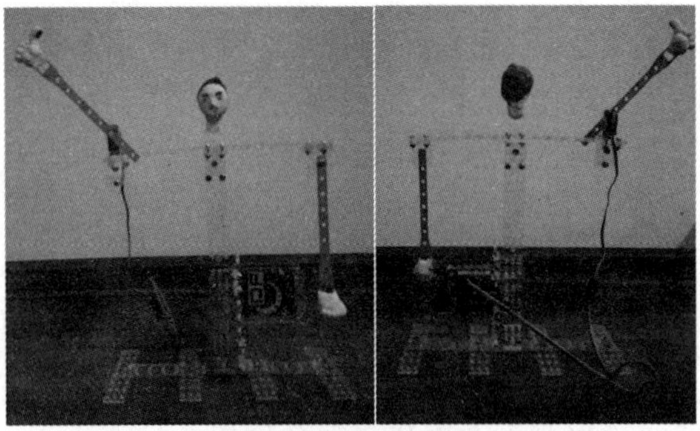

图 6–2–2　搭建机器人

4. 代码编程

（1）安卓手机 App 编程

手机若要与 Arduino UNO 控制板相互通信，则需要借助蓝牙通信等方式进行。App Inventor 支持传感器编程和蓝牙通信，利用这一图形化编程平台，就能制作一个专用的 App 应用程序。图 6-2-3 所示为 App 的界面设计与组件使用情况。

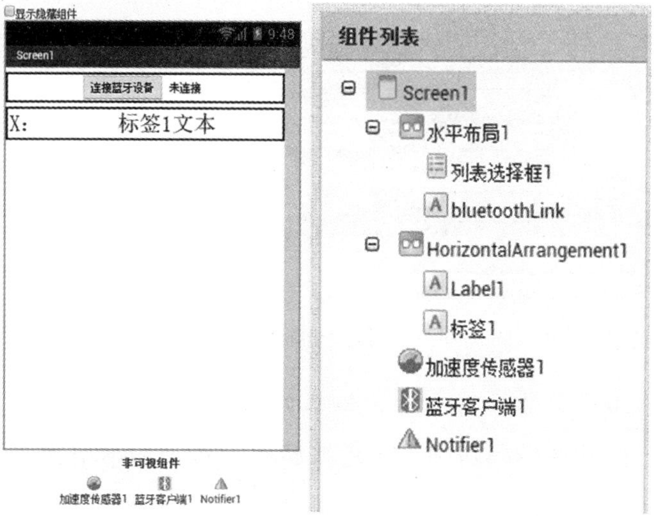

图 6-2-3　App 界面设计与组件使用情况

根据表 6-2-2 所示，用手机当前摇晃位置与前一位置的 x 轴加速度分量的差值可以判断手机摇晃的方向，因此手机 App 应用程序只需向 Arduino UNO 控制板发送“L”或“R”字符——分别表示“向左”或“向右”的舵机控制指令即可，具体编程代码如图 6-2-4 所示。

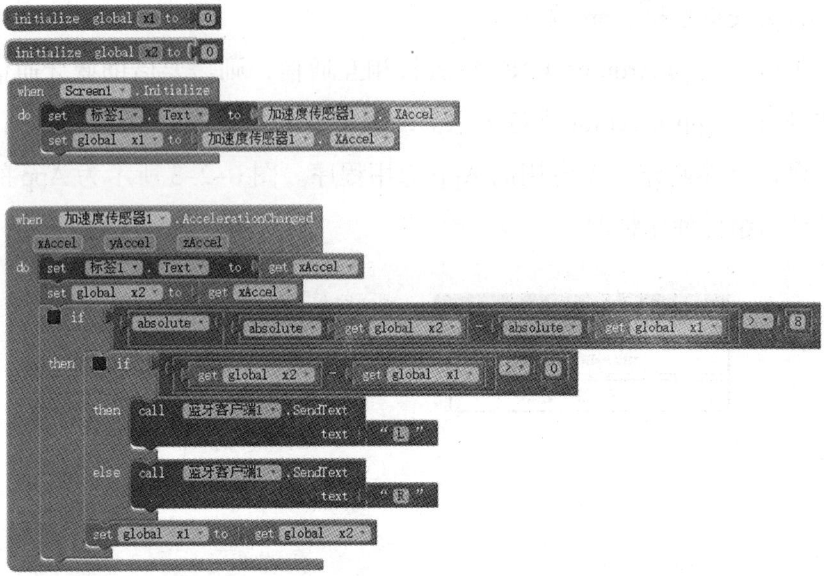

图 6–2–4 手机 App 编程——判断手机摇晃方向、发送蓝牙通信指令代码

调用 App 中的蓝牙客户端给 Arduino UNO 板子发送“L”或“R”字符指令时，蓝牙通信模块须处于连接状态，否则提示错误，具体编程代码如图 6–2–5 所示。

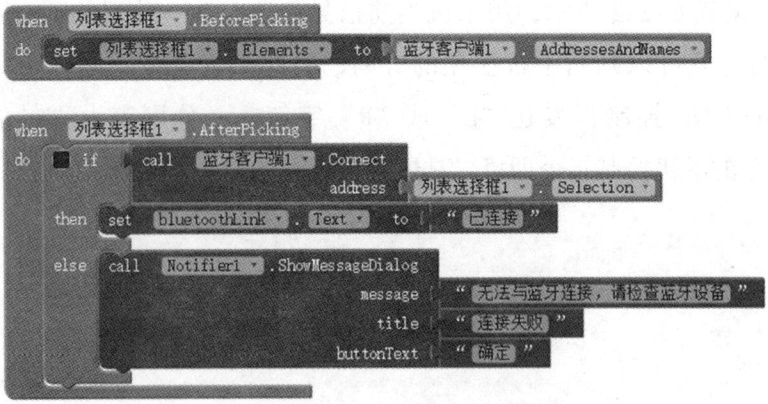

图 6–2–5 选择、连接蓝牙设备

（2）“挥手机器人”控制端编程

Arduino UNO 板若通过蓝牙通信模块接收到字符“L”，则执行舵机转向 45 度，即机器人手臂向左摆动；若通过蓝牙通信模块接收到的字符为“R”，则执行舵机转向 135 度，即机器人手臂向右摆动。具体代码如下：

```
#include <Servo.h>
Servo serpin;
unsigned char resaveChar;
void setup() {
    Serial.begin(9600);
    serpin.attach(9);
    serpin.write(90);
}
void loop() {
    if(Serial.available()){
    resaveChar=Serial.read();
    if(resaveChar=='R'){
        serpin.write(135);
        delay(100);
  }
    if(resaveChar=='L'){
        serpin.write(45);
        delay(100);
     }
}
}
```

5. 造型制作

挥手机器人的外观有些单一。为了赋予机器人以人的形象，我们利用卡纸为它做了一件外衣，同时为它用超轻黏土捏了一个头像和两只手，如图 6–2–6 所示。

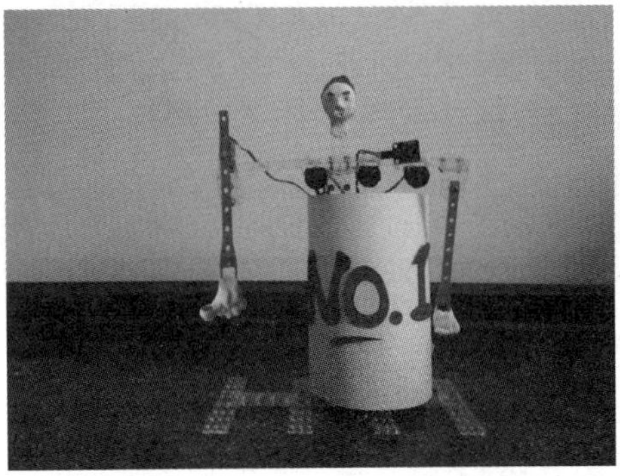

图 6–2–6 挥手机器人外貌

6. 运行效果

手机 App 的运行与挥手机器人的工作效果如图 6–2–7 所示。需要说明的是，我们还在这个机器人上安装了 3 个红外测障传感器，在没有手机的情况下，它也能感测到我们的手势，实现同步挥手。

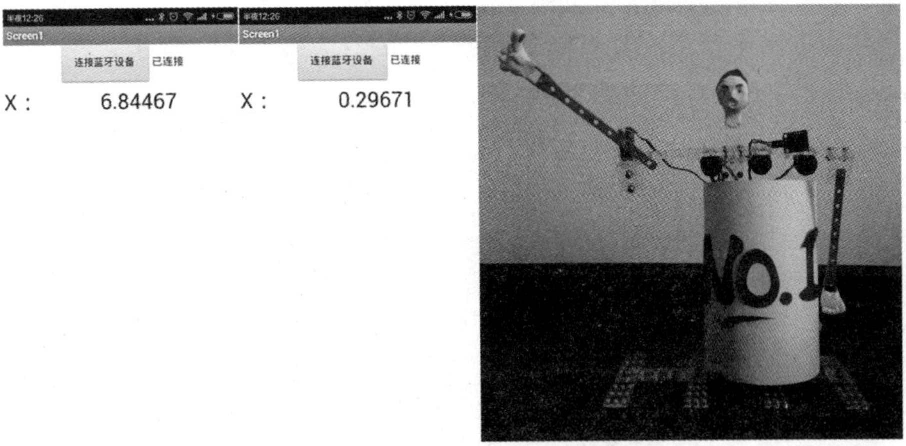

图 6–2–7 App 运行效果、挥手机器人最终效果

（三）案例点评

借助挥手机器人的案例制作，我们初步实现了用手机 App 去控制 Arduino 硬件设备中的舵机模块。除此之外，我们可以尝试用手机 App 去控制更多的 Arduino 执行模块，如蜂鸣器、LED 灯、继电器、电机等等，那将会更加有趣。

案例二　启动仪式道具：开源硬件和屏幕的互动 *

（一）案例信息

核心器材（工具）：micro:bit、Processing。

案例提供：谢作如、张敬云。

适用学段：初中以上。

（二）案例内容

2017 年上海创客嘉年华的教育论坛上，国内创客教师社群猫友汇和上海蘑菇云合作，在全国范围内启动“校园创客嘉年华”活动。在论坛的前一天有老师提议，校园创客嘉年华是一个非常有意义的活动，启动仪式自然不能太寒酸，最好找个道具，让启动仪式更有“仪式”感。于是，我们自告奋勇连夜做了一个启动仪式道具。

1. 创作思路

因为编写高中教材的缘故，研究 micro:bit 并做了好多小项目。micro:bit 的广播功能是它的亮点，利用广播功能设计一个互动作品，在嘉年华的启动仪式上让更多的人参与进来，共同见证创客盛会的开启，不仅好玩，也有“众人拾柴火焰高”的象征意义。

要让很多人参加启动仪式，就需要很多块 micro:bit 板子。至于互动作品的编程语言，选择了 Processing，因为 Processing 和 micro:bit 互动一直很稳定。

* 本案例原载于《中国信息技术教育》，选入时作者有改动。

2. 作品描述

电脑运行 Processing，显示一个空白的窗口。一块 micro:bit 作为信号接收端，插到 USB 口。嘉宾们人人手持一块 micro:bit，作为信息发射端。当嘉宾同时按下 micro:bit 的 A、B 键时，板子上会出现一个向上的箭头。作为信号接收端的 micro:bit 板子会闪烁一次心形符号，电脑屏幕随机出现几个大小及颜色不一的泡泡，并发出魔幻音乐。随着嘉宾同时按下 A、B 键的次数越来越多，屏幕显示的泡泡也越来越多。当按键次数达到一定的阈值时，屏幕开始进入自动播放阶段，小小的像素点越来越密集，背景图片的轮廓也越来越清晰。最后，画面全部显示出来，电脑播放出振奋人心的交响乐。

大屏幕的画面，随着嘉宾按键次数的增多，而逐步显示。各阶段的画面显示效果如图 6–2–8、图 6–2–9、图 6–2–10 所示。

图 6–2–8　画面显示效果 1

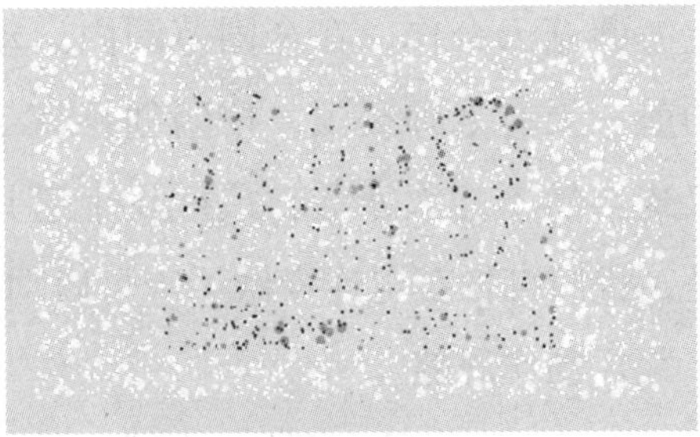

图 6–2–9　画面显示效果 2

图 6–2–10　画面显示效果 3（最终）

3. 代码实现

这个启动仪式道具，其实就是一个典型的互动媒体作品。作品由信号发射端、信号接收端和画面处理端三部分组成：

——信号发射端。用 MakeCode 编写，运行于 micro:bit，当用户按下“A+B”键时发送广播信号。

——信号接收端。用 MakeCode 编写，运行于 micro:bit，通过广播接收用户发来的信号。

——画面处理端。用 Processing 编写，在电脑上运行，通过串口接收信号接收端的信息，对画面进行像素化的处理，并播放声音。

本作品中，micro:bit 要用到 Radio（无线电广播）模块和 Serial（串口）模块，如图 6-2-11 和图 6-2-12 所示。用户按下 micro:bit A、B 键的信号通过无线电广播模块发送给接收端，接收端接收到信号后，通过串口向 Processing 发送消息。

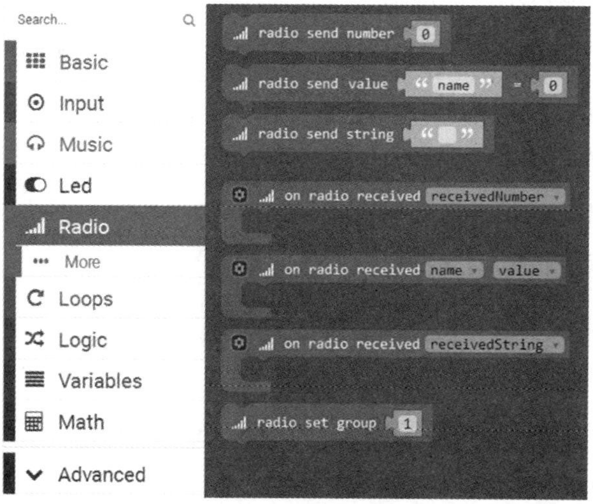

图 6-2-11　Radio 模块

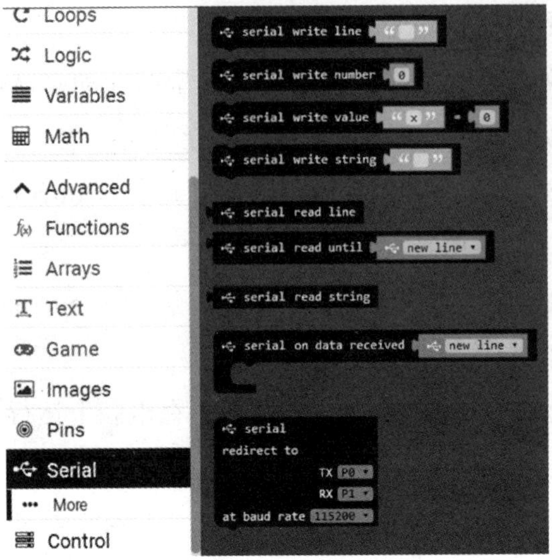

图 6-2-12　Serial 模块

（1）Processing 代码说明

运行程序，电脑屏幕呈灰色显示。当接收到信息 1 时，屏幕随机出现几个大小及颜色不一的泡泡，并发出魔幻音乐，而且随着接收到信息 1 的次数越来越多但小于预设值时，屏幕显示的泡泡也越来越多；当接收到信息 1 的总次数达到预设值时，屏幕开始进入自动播放阶段，密密麻麻的像素点越来越多，背景图片的轮廓也越来越清晰，最后全部显示出来，电脑发出振奋人心的交响乐。

因为代码较长，以下仅提供了核心代码。

```
PImage photo;
import processing.serial.*;// 导入 serial 通信库
import ddf.minim.*;
AudioPlayer player1;
Minim minim;
Serial myPort;// 创建对象 duankou
```

```
int data;// 变量 data 作为串口到的数据
int s;
int xx, yy;// 因为全屏需要计算的偏移量

void setup() {
 fullScreen();// 全屏显示
 xx=(width-1233)/2;
 yy=(height-688)/2;
 photo=loadImage("2017.png");
 myPort = new Serial(this, Serial.list()[1], 115200);
 minim = new Minim(this);
 player1 = minim.loadFile("bg.mp3", 2048);
}

void draw() {
 if (myPort.available()>0)
 {
  data=myPort.read();
  s=s+1;
 }
  if (data=='1') {
   for (int i=0; i<15; i++) {
      int x=int(random(photo.width));// 随机选取一个像素 0- 图片
宽度
     int y=int(random(photo.height));// 随机选取一个像素 0- 图片
高度
    int xy=y*photo.width+x;
```

```
          loadPixels();
          float r=red(photo.pixels[xy]);
          float g=green(photo.pixels[xy]);
          float b=blue(photo.pixels[xy]);
          fill(r, g, b, 50);
          int diameter=int(random(5, 20));
          ellipse(x+xx, y+yy, diameter, diameter);
        }
        data=0;
        player1.loop();
        player1.play();
      }
    }
```

（2）micro:bit 发送端代码说明

如果按下 micro:bit 的 A、B 键，则通过无线广播模块发送数字 1，并在 micro:bit 屏幕显示“向上”的方向键图标，具体如表 6–2–4 所示。

表 6–2–4　micro:bit 发送端代码

makecode 代码	JS 代码

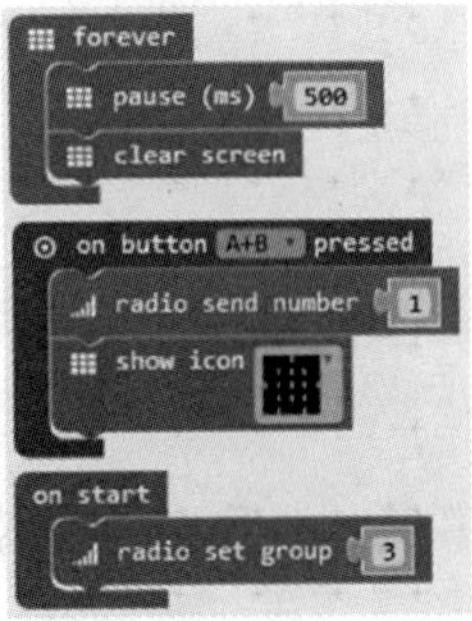	basic.forever(() => {
	  basic.pause(500)
	  basic.clearScreen()
	})
	input.onButtonPressed(Button.AB, () => {
	  radio.sendNumber(1)
	  basic.showIcon(IconNames.House)
	})
	radio.setGroup(3)

（3）micro:bit 接收端代码说明

如果通过无线广播模块接收到的数字为 1，则向串口发送字符 1，并将变量 t 设为 1，同时 micro:bit 屏幕显示心形符号保持 500 毫秒，如表 6-2-5 所示。

表 6-2-5　micro:bit 接收端代码

<table>
<tr><th>MakeCode 代码</th><th>JS 代码</th></tr>
<tr><td>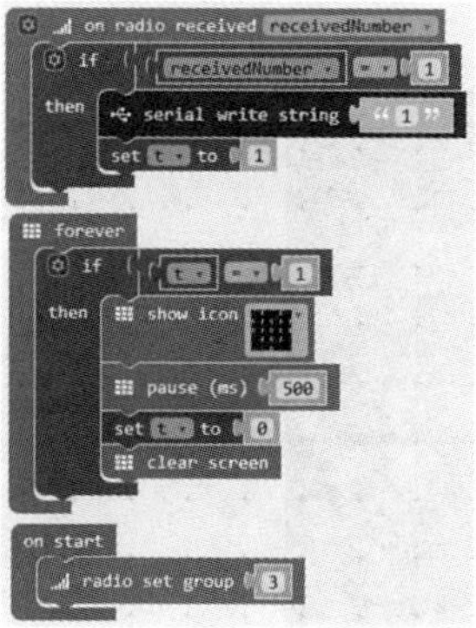
</td><td>

```
let t = 0
radio.onDataPacketReceived( ({ receivedNumber }) => {
    if (receivedNumber == 1) {
        serial.writeString("1")
        t = 1
    }
})
basic.forever(() => {
    if (t == 1) {
        basic.showIcon(IconNames.Heart)
        basic.pause(500)
        t = 0
        basic.clearScreen()
    }
})
radio.setGroup(3)
```

</td></tr>
</table>

4. 效果展示

如图 6-2-13 和图 6-2-14 所示的是校园嘉年华启动仪式现场的照片，嘉宾们带着无比好奇的心情参与了创客盛会的隆重启动仪式。

图 6-2-13　嘉宾们做准备工作

图 6-2-14　效果展示

活动结束后，大家对这一作品评价很高。一位老师点评说："这个启动仪式表达了创客教育是始于草根的，其寓意在于众多的草根教育创客散落全国各地，个人的贡献可能微光如豆，但彼此努力相互取暖，最终可换得大道持久。"

（三）案例点评

这是一个在短时间开发出来并得到好评的互动媒体作品。这个作品的成功展示，让现场的老师对 micro:bit 的"广播"功能有了深刻的印象，同时也体会了科技和艺术结合的巨大魅力。我们将这一互动媒体作品命名为《创 · 聚》，让更多人记住创客教育从零到一、聚沙成塔的过程。

第三节　科学探究

计算机已经成为重要的科学实验工具，而且实验也是信息技术学科的一种教学组织形式。在实验过程中，围绕着信息的获取、存储、分析、表达，不仅培养了学生的信息素养和计算思维，还培养了学生跨学科解决问题的能力。

借助计算机研究日常生活中已有数据之间的规律，掌握一些数据分析软件的基本用法，或者用计算机编写程序获取传感器实时采集的信息，并对这些数据进行分析以验证之前的假设，甚至发现新的规律，这些都是数字科学实验的一般做法。随着物联网技术的普及，教师可以把物联网作为获取数据的重要渠道，让学生初步感受大数据时代的研究和决策方法，同时鼓励学生将实验报告写成专业的科学论文，从数据的角度重新理解科学探究、实证的一般过程，建立一种更大格局的科学观念。

在《指导纲要》中有个活动推荐主题为“用计算机做科学实验”，其希望学生通过计算机程序获取传感器实时采集的信息，并对这些数据进行二次分析，验证假设，甚至发现新的规律，初步感受大数据时代的研究方法，提高探究真实问题、发现新规律的能力。引导学生自制数字检测工具探究、验证科学规律，不仅可以提高学生信息素养水平和解决问题能力，还可以提高学生探究科学的兴趣。

小学高年级以上的学生，就可以开展与科学探究相关的创客活动。创客空间中的开源硬件和各种传感器，加上图形化的编程工具，为科学探究提供了低成本的解决方案。教师和学生可以一起自制科学实验装置，自主设计实验。限于篇幅，本节选择了两个实验：用自制传感器的方式来测量小车速度，用物联网采集数据来分析“一天中什么时候最热”。

案例一　自制传感器：检测小车的速度*

（一）案例信息

核心器材（工具）：micro:bit、MakeCode。

案例提供：谢作如、狄勇。

适用学段：小学高年级以上。

（二）案例内容

速度是表示物体运动快慢的物理量，是小学科学中物质科学领域的重要概念。《小学科学课程标准》中规定：在3—4年级，学生要知道测量距离和时间的常用方法，知道用速度的大小来描述物体运动的快慢，知道自行车、火车、飞机等常用交通工具的速度范围。

在实际教学中，教师一般用肉眼观察或者结合秒表之类的工具来测量物体运动速度。在信息化时代，这种科学课堂教学工具是需要更新了。如果学生能够搭建简单的测速工具，真实测量常见物体的运动速度，肯定能大大激发学生的学习兴趣。而利用开源硬件micro:bit，结合纸板、铝箔等材料，搭建出一个小型测速平台其实非常简单。

1. 利用micro:bit测速的原理

在动手搭建测速平台前，先梳理制作思路。速度是由时间和路程两个量来决定的，公式很简单，即速度 × 时间 = 路程。只要确定了路程，得到物体通过这一路程的时间，就可以求出速度。

micro:bit支持对时间的测量。在MakeCode编程平台中有个"运行时间"函数，可以返回系统的运行时间。只要将物体通过起点的时间记下，然后和通过终点的时间相减，就能够得到通过时间，用路程除以通过时间，即可得到物体速度。具体流程如图6-3-1所示。

* 本案例原载于《中国信息技术教育》，选入时作者有改动。

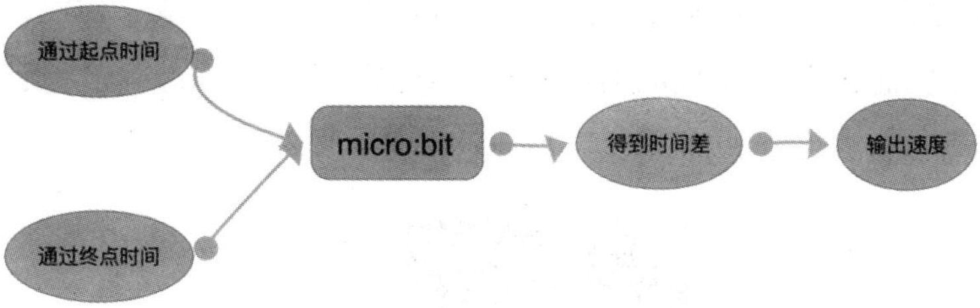

图 6–3–1　测速流程

很多传感器都可以检测是否有物体通过，如激光对射传感器、红外对射传感器和超声波传感器等，甚至可以用最常见的光敏电阻。考虑到取材的便利性及实验中“检测线”的直观性，用铝箔做一个类似开关的通断路装置，效果也是很不错的。

2. 检测装置的硬件搭建

首先要确定速度检测实验中的常量——“路程”。出于课堂空间限制及装置制作、搬运便利性的考虑，根据手头纸板的尺寸，本案例把“路程”设定在了 25 cm。这一尺寸也方便使用实物展台、摄像头等设备在课堂中直播实验过程。micro:bit 负责记录小车通过检测线 1 和检测线 2 的时间，由此便可计算出玩具小车速度。本项目所需材料如表 6–3–1 所示。

表 6–3–1　项目材料清单

名称	数量
micro:bit	1 个
硬纸板	1 张
面包板	1 块
鳄鱼夹	若干
杜邦线	若干
铝箔	若干

实验装置的关键是做一个检测开关。如图 6–3–2 所示，铝箔 A 叠放于铝箔 B 之上，铝箔 C 叠放于铝箔 D 之上。车辆未压线时，粘贴有铝箔

A、C 的纸台上翘，检测线处于断路状态；当有车辆压线，检测线将依次处于通路状态。两次压线的时间差即为小车通过 25 cm 路程耗费的时间。检测装置的细节设置如图 6–3–3 所示。

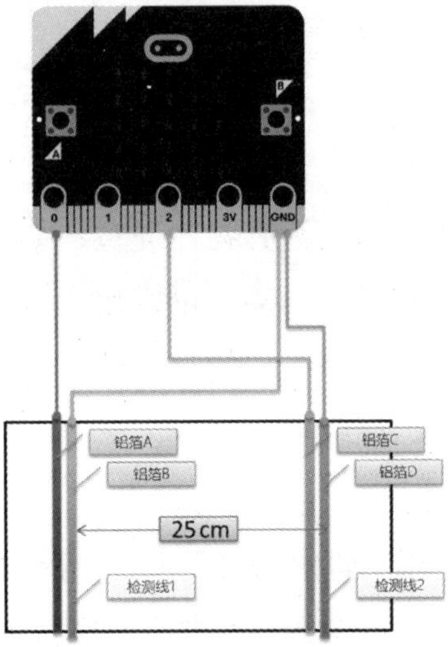

图 6–3–2　电路示意图

图 6–3–3　检测装置的细节设计

将两个检测开关和 micro:bit 连接，实验装置就做好了，如图 6–3–4 所示。

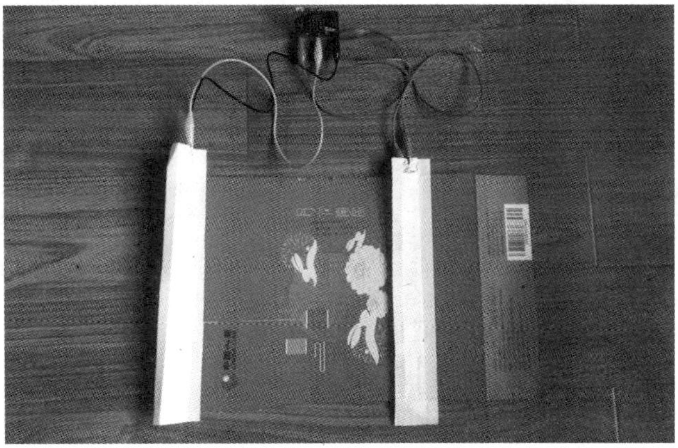

图 6-3-4　实验场景概览

3. 检测装置的程序设计

检测装置的程序，使用微软的 MakeCode 平台来编写。为了锻炼学生的计算能力，在实际编程中，没有让 micro:bit 做除法运算，仅仅在点阵屏上显示了物体通过的时间，参考代码如图 6-3-5 所示。

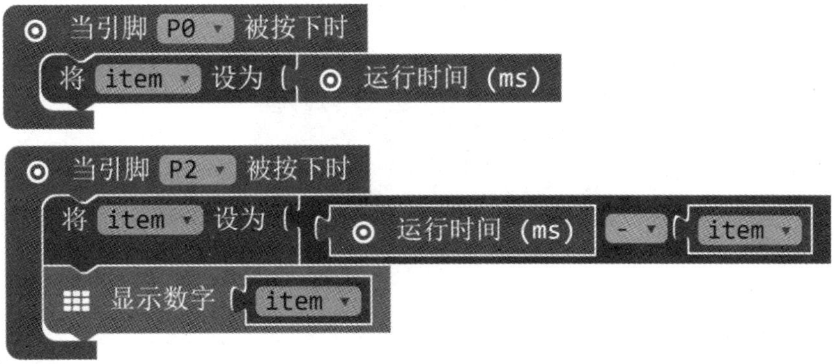

图 6-3-5　参考代码

需要注意的是，目前 MakeCode 中文版翻译有误。在中文版中，两个运行时间指令的单位均标注为“ms”，但在英文版中，则分别为“ms”与“micros”，代码细节如图 6-3-6 所示。本实验要求的时间精度并不高，推荐使用 ms（毫秒）。只要将代码切换到 JavaScript 界面，就能查看指令积木选择是否正确。

图 6-3-6　代码细节

除了用“运行时间”指令外，还可以使用“事件时间戳”指令。“事件时间戳”指令可以记录事件触发时的系统时间，单位为微秒，参考代码如图 6-3-7 所示。如果觉得数字太大，可以先除以 1000 后再显示。

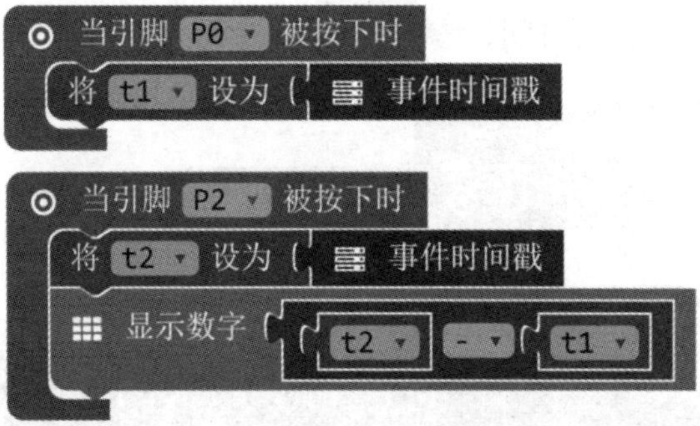

图 6-3-7　参考代码

4. 实验装置的功能测试

采用玩具小车作为实验对象，通过实际检测几辆不同类型的小车，来看看这个实验装置的测量效果，实验过程如图 6-3-8 所示。

图 6-3-8　实验过程

通过实验，我们获得小车的时间数据，并计算出速度如表 6-3-2 所示。

表 6-3-2　小车速度

玩具小车车型	25 cm 行程耗时 /s	速度 /（m/s）	速度 /（km/h）
保时捷	0.19	1.32	4.74
吉普车	0.21	1.19	4.29
奥迪双钻	0.29	0.86	3.10
挖土机	0.50	0.50	1.80
坦克	0.81	0.31	1.11

通过多次测试后，得出如下结论：

横向比较各型小车的速度并排序，与观察到的实际情况相符，证明了这一速度检测装置的有效性，而且使用起来非常方便。

如在信息技术课堂尝试，可让学生通过 EXCEL 自行设计实验记录表。但是让学生进行纸笔计算，然后比赛计算速度和准确率，也是很有意思的数学活动。

因铝箔较为脆弱，实验中应避免线路拉扯。如果换用铜箔胶带，制作更为便利，连接更为可靠。

（三）案例点评

设计速度检测装置来检测小车速度，就是对“用计算机做科学实验”活动主题的细化，能够培养学生创意物化和问题解决的能力。同时行程问题也是小学数学四年级解决问题模块涉及的教学内容。传统数学课堂在教学行程问题时，几乎不会对一个真实的物体运动速度进行实际测量并计算。一方面是受课堂时空条件的限制，另一方面是缺乏适合的速度检测工具。有了 micro:bit、掌控板之类的开源硬件后，学习工具也变得丰富多彩了。试想一下，如果教师在教学行程问题时抛出“想不想知道你的玩具小车速度是多少？”的提问，一定能够点燃孩子们的学习热情。

案例二　物联网采集：一天中什么时候最热*

（一）案例信息

核心器材（工具）：掌控板、SIoT、Mind+。

案例提供：谢作如、张喻。

适用学段：小学高年级。

（二）案例内容

“一天中什么时候最热，什么时候最冷？”这是一个困扰了我们很久的问题。为什么在晴朗的日子里，最热的时候不是正午十二点，而是在午后的两三点钟？明明正午的太阳垂直射向地面，此时应该是最热的啊。虽然中学的地理课本中已经提供了明确的答案，从太阳辐射和空气对流等角度进行了分析，但“眼见为实，耳听为虚”，这一结论毕竟不是动手实践、探究所得到的结果，也没有得到验证——我们并没有看到一天的真实气温分布数据。

其实，要做到用“数据说话”也并非难事，只要有一个简易的气温采集装置（最好有气象站设备），能够定时记录一天中的气温变化情况，然后分析这些数据，就能得到一个明确的答案。在智能硬件的支持下，定时采集数据并不困难，而要做到远程采集室外的气温，那就得借助于物联网技术了。

---

* 本案例原载于《中国信息技术教育》，选入时作者有改动。

1. 实现定时检测气温的技术分析

要定时检测气温，就需要做一个简易的“气象台”装置。这一装置能够检测气温，定时上传检测数据到服务器，并且要做到能够长时间检测。日积月累，我们就拥有了更多的数据。最后将数据导出，用数据分析工具进行处理、分析，并将分析结果可视化呈现。那么，一天当中究竟什么时候最热，什么时候最冷，最高和最低气温为多少，都将一目了然。

检测气温的传感器很多，如 DHT11、SHT20 温湿度传感器，BME280 传感器，PT100 温度传感器和红外温度传感器等。经过斟酌，本案例最终选择了 DHT11 温湿度传感器，如图 6-3-9 所示。这一廉价的传感器不仅可以检测气温，还能够检测湿度，特别适合用于气象方面的科学研究。

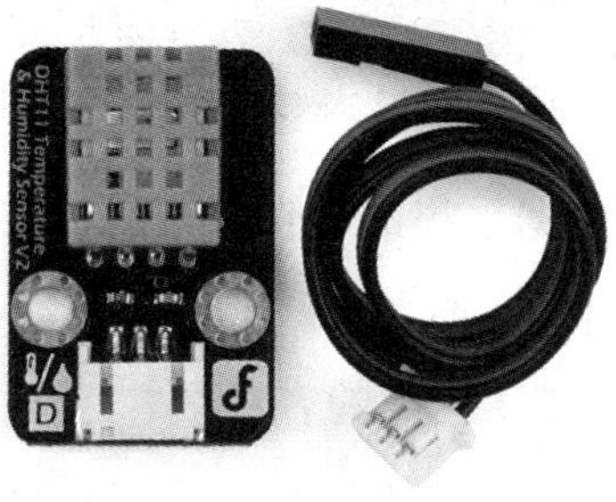

图 6-3-9　DFRobot 生产的 DHT11 传感器

智能硬件方面，掌控板则是最好的选择。因为掌控板的核心芯片是最流行的工业级别物联网芯片 ESP32，在网络连接方面有独特的优势。更重要的是，掌控板的编程平台 mPythonX 和 Mind+ 都已经加上了 MQTT 功能（一种广泛应用的物联网协议），使用起来很方便。

温度数据存储在哪里？我们研究了目前常见的物联网服务器，如 OneNET（中国移动物联网开放平台）、阿里云 IoT 等，都没有找到数据导出功能。而常用的 Easy IoT 平台虽然能够导出数据，但有数量的限制。因此，“虚谷计划”的核心软件 SIoT 平台成了最好的选择之一。

2. 设计一个定时检测气温的装置

仅仅用于采集气温的装置，搭建起来非常简单。核心器材除了掌控板外，还需要 DHT11 传感器。二者之间的连接最好使用扩展板。我们将这一装置放在窗边的空调外机上，并找了块亚克力板来遮挡风雨，如图 6-3-10 所示。

图 6-3-10 温湿度采集系统的实物

有了 SIoT 平台，数据采集的工作就可以放在局域网中完成。SIot 物联网平台是一款跨平台的工具，在 Windows 7、Windows 10 系统中都能一键启动。结合 Node-RED 之类的客户端，还能够方便地观察温度的数据采集是否正常：当系统发生故障时，将收到邮件或者短信提示。系统工作流程如图 6-3-11 所示。

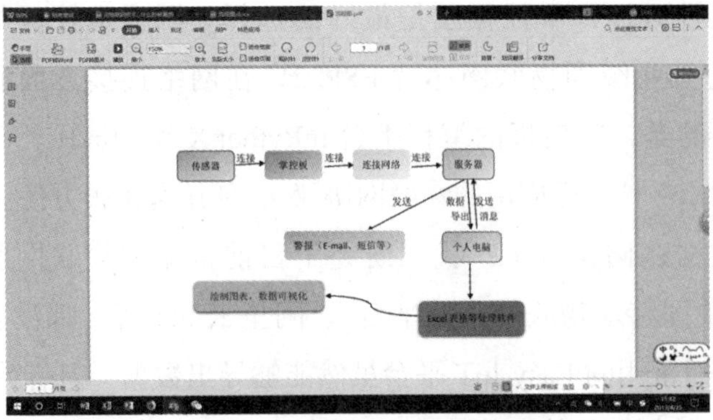

图 6-3-11 物联网数据采集工作流程

本实验选择使用 Mind+ 来进行模块化编程，参考代码如图 6–3–12 所示。最终采用的方案是每隔一分钟采集一次数据。

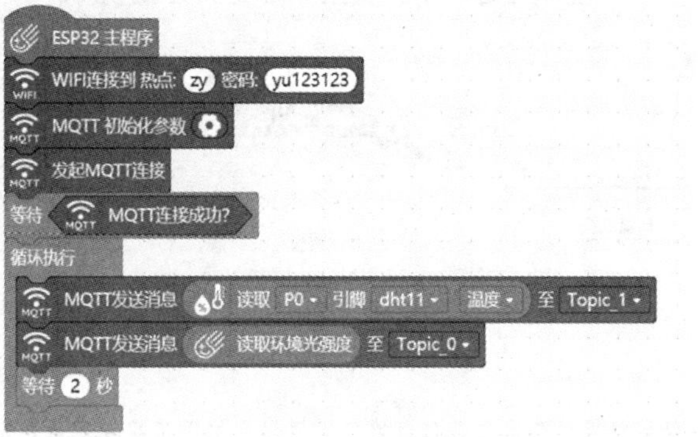

图 6–3–12　参考代码

3. 气温数据的分析

数据采集一周后，将其中五天的气温数据导出并进行分析。

（1）数据收集部分数据如表 6–3–3 所示。

表 6–3–3　温州中学室外 5 天气温数据

单位：℃

A	B	C	D	E	F	G
时间	24日	23日	22日	21日	20日	19日
0:0:44	26	23	22	22	22	23
0:1:46	26	22	22	22	22	23
0:2:47	26	23	22	22	22	23
0:3:49	26	23	22	22	22	23
0:4:50	26	23	22	22	22	23
0:5:52	26	23	22	22	22	23
0:6:53	26	23	22	22	22	23
0:7:55	26	23	22	22	22	23
0:8:56	26	23	22	22	22	23
0:9:58	26	23	22	22	22	23
0:10:59	26	23	22	22	22	23
0:12:1	26	23	22	22	22	23
0:13:2	26	23	22	22	22	23
0:14:4	26	23	22	22	22	23
0:15:5	26	23	22	22	22	23
0:16:7	26	23	22	22	21	23

（2）根据采集到的数据，绘制折线图如图 6–3–13 所示。

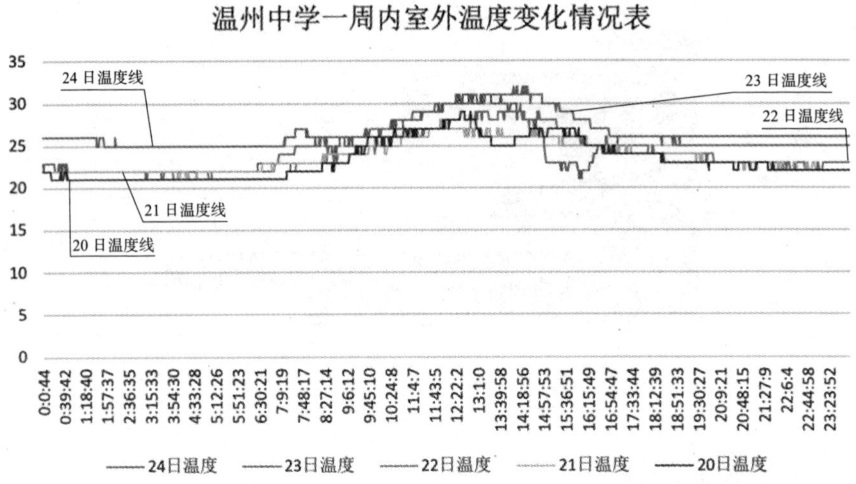

图 6–3–13　Excel 制作的图表

（3）数据分析

通过图 6–3–13 中 23 日晴天的气温变化曲线，可以看出气温的波动次数不多，且在 14:00 — 14:30 期间，出现了五天之中的最高气温（32℃）；从 22 日的气温变化曲线中，也可以看出气温值的波动变化不多，在 14:00 — 14:20 期间也出现峰值，最高气温为 30℃；二者在晴天的气温值波动变化整体呈先上升、后下降趋势。

在 21 日阴天的气温变化曲线中，气温值出现波动，但波动较小，大都在 26 — 28℃上下浮动，并未出现持续上升或下降的波动变化，整体较为平稳。

在 20 日、24 日阴天的气温变化曲线中，可以看出气温值在不断变化，在下午 13:00 — 16:30 期间尤为明显，20 日气温曲线呈先下降、后上升趋势，推断在 13:00 — 16:30 期间有降雨，所以当天气温变化与晴天存在差异。而 24 日雨天的气温曲线中，在此期间虽然也呈现出先上升、后下降的趋势，但最低气温为 21℃，为五天中最低气温；并且在 14:15 — 16:00

期间，气温骤减 9℃，可看出当开始出现降雨时，气温会呈现出明显的下降趋势。

根据对五天的数据对比分析发现：晴天时，一周中最高气温出现在下午 13:00 — 14:00 期间，气温曲线整体呈先上升、后下降趋势；雨天时，气温的变化受降雨影响，整体出现明显的波动变化，降雨越多，气温下降越快，气温值越低。

4. 实验结论和拓展

在本实验中，我们抽取了几天的数据来进行探究。通过反复对比，最后得出了一天当中最高的气温值处在下午 14:00 — 16:00 期间，而不是太阳垂直照射于地面的 12:00。那么，这一规律是否仅仅适用于我国东部沿海地区，还是也可以适用于我国西部的干旱地区？春天的气温规律和夏、秋、冬等季节的气温规律是否一致？这些都需要更多的数据来验证、探究。

（三）案例点评

随着智能硬件的普及和物联网技术门槛的降低，实时采集、存储科学数据并进行分析，已经成为简单、可行的科学探究方式。一旦能够做到用无线的方式采集数据，实验实施起来就容易多了，几乎等同于“开机”即测量。除了采集气温，还可以使用各种传感器，检测噪声、光强、PM2.5 浓度等自然界的各种物理量，设计更多的科学探究实验。在大量的真实数据中做统计、分析，能够帮助学生建立“用数据说话”的数据意识，为他们今后研究大数据打下扎实的基础。虚谷物联项目的出现，将为中小学的科学探究提供一种新的学习工具。

第四节　创意设计

综合实践活动中的“设计制作”是指学生运用各种工具、工艺进行设计，并动手操作，将自己的创意、方案付诸现实，转化为物品或作品的过程。但创客活动中的“制作”会倡导使用数字化加工技术，如 CAD 和 CAM 技术。因为这些原本非常昂贵的数字加工工具，已经慢慢成为普通家庭都能买得起的“电器”。

激光切割机和 3D 打印机已经成为创客空间中的神器。越来越多适合儿童学习的二维、三维设计软件，如 LaserMaker、MakerBrush 和 IME3D 等，被研发出来。数字加工的优势在于设计出来的作品可以实现批量生产，符合数字社会的生产技术发展方向。《指导纲要》中有多个推荐活动主题与数字加工相关，如“三维趣味设计”“手工制作与数字加工”和“二维三维的任意变换”等。

无论是二维还是三维的作品设计，都是要循序渐进的。首先，可以设计一些和具体尺寸无关，注重造型的模型，如建筑、交通工具；其次，加强学生对具体尺寸测量的概念，设计一些对尺寸更加相关的模型，比如笔帽、手机支架；再次，可以将建模和生活真实需要结合起来，制作趣味电子作品的外观造型等。在作品设计的学习过程中，教师要鼓励学生不断分享，反复实践，学会利用技术解决真实问题，亲历一个创意从想法变成现实的过程。

从小学高年级开始，学生就可以逐步学习与数字化加工相关的知识。设计工具方面，除了常规的用鼠标绘图、所见即所得的建模软件之外，还可以选择以编程方式生成模型的建模工具，让建模和数学无缝结合起来。创意设计的案例很多，我们选择了校园建筑模型和立体拼插模型两个案例，分别用 3D 打印机和激光切割机来实现。

案例一　立体拼插模型的设计 *

（一）案例信息

核心器材（工具）：MakerBrush、激光切割机。

案例提供：谢作如、蔡瑞衡。

适用学段：小学高年级以上。

（二）案例内容

激光切割机是创客空间中常见的造物设备，它利用激光束照射到材料表面时释放的能量，实现对木板、硬纸板、亚克力板等材料的切割或者雕刻操作。相对于 3D 打印机来说，激光切割机的最大优势是加工速度快，材料便宜，A4 大小的奥松板经过切割后，能够形成所需形状的插板，进而拼接出很多有趣的结构。

1. 常见的立体拼插模型

立体拼插是一种有趣的造物方式，它广泛地应用于玩具、家具及模型等领域。常见的如拼插积木、拼插模型及板式拼插家具等，如图 6-4-1 所示。

拼插积木　　　拼插天坛模型　　　板式拼插家具

图 6-4-1　常见的立体拼插模型

从上述这些模型实例中可看出立体拼插的基本原理：通过物体组件

* 本案例原载于《中国信息技术教育》，选入时作者有改动。

之间的插件与插孔咬合来实现拼插，插件与插孔咬合部位的尺寸大小越一致，形成模型的牢固度越好。

制作一个立体拼插模型，一般是先用二维的方式设计每一个零件的图纸，然后用激光切割机切出零件，最后再拼成一个完整的实物模型。绘制激光切割机加工图纸的软件很多，如 LaserMaker、Inkscape、CorelDRAW 和 AutoCAD 等。但是在平面上绘制图形再拼插出立体模型的方式，相对来说门槛比较高。因为这不仅要考虑切割板材的厚度、面与面之间的配合，还要能够理解二维向三维的空间转换。为此我们测试了很多软件，直到发现了 MakerBrush，才总算找到了一个很好的解决方案。

2. 设计立体拼插模型的一般过程

设计立体拼插模型，需要先在脑海中想象实物的模样，画个草图，然后在计算机上逐一绘制平面。有了 MakerBrush 后，可以直接在软件中利用面与面的配合，构建模型，并以三维的形式全方位查看效果。

第一步，考虑设计模型的尺寸。如，设计一个手机支架，则需要了解手机的基本长、宽、高，以及摆放在桌面上合适的大小。

第二步，在 MakerBrush 中创建面。选择一个简单图形作为基本面的形状，比如矩形或圆形，并进行内容设计，基本面选择如图 6-4-2 所示。

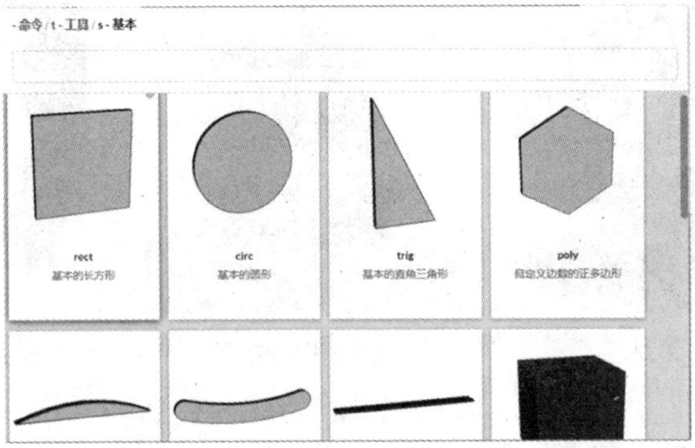

图 6-4-2　选择基本面

第三步，设计面与面的拼接结构。激光切割中常用的拼接方式是板子的相互拼插，而不是粘胶。只要将一个面的边缘添加一个小凸起，在另一个面中形成相应的缺口，两块板子即可相互拼插形成立体结构。MakerBrush 已为我们设计好了常用板材的厚度，能够自动识别拼插连接，具体如图 6-4-3 所示。

图 6-4-3 拼插结构

第四步，组合不同的面。通过移动位置、翻转面、旋转角度等操作，将绘制好的不同面组合到一起，形成一个整体结构。

第五步，进行装饰。用其他符号、文字等图案，在模型表面做切割或雕刻的个性美化。总的来说，设计立体拼插模型的一般过程如图 6-4-4 所示。

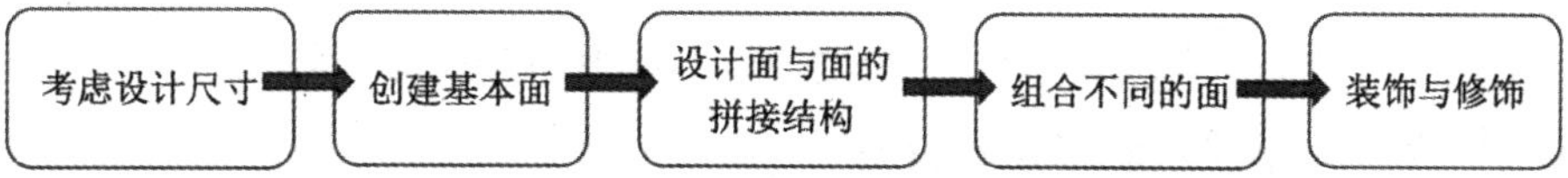

图 6-4-4 设计立体拼插模型的一般过程

3. 典型拼插模型作品

（1）桌牌的设计

桌牌的设计是从平面模型到立体建模的第一步。核心问题是让桌牌立在桌面。在 MakerBrush 里，我们先设计好桌牌。在矩形工具右边的菜单里可以设置倒圆角。最后在底部添上一个小“凸起”，用于拼插，然后通过左边的菜单微调位置。

通过不同角度查看，对图形进行翻转使其互相垂直并对齐。此时绘制底面，底面会自动识别这个小“凸起”，形成拼插结构，桌牌的建模过程如图 6-4-5 所示。

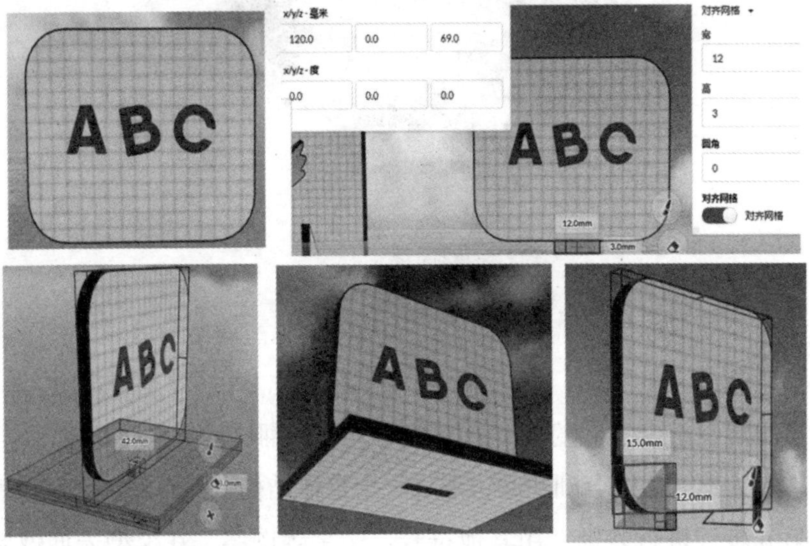

图 6-4-5 桌牌的建模过程

（2）空气探测器的设计

常见的创客作品，往往是电子元件加创意结构件的组合。MakerBrush 中提供了各种常见的标准电子元件模型，如 DF 的电子模块。小创客们可以快速为这些小模块制作结构件。

以制作创客作品空气探测器为例。一般来说，电子元件要藏在木板里面，露出屏幕和开关即可。本案例选择的核心电子元件是 micro:bit 和扩展板。

首先从电子元件库里选择相应零件。然后设计一个好看的外观，可以用圆形、方形、圆弧来组合成自己想要的形状。我们选择了动画片“大白”的造型，契合健康主题，看起来又呆萌。结合图形，给传感器和显示屏留个开口，开口可以用形状来擦除。复制一个一样的外形做背面，嵌入传感器的固定件。再做几个可以拼插的底面或侧面，方便组装成盒子。

一个可爱的空气探测器就成形了，具体过程如图 6-4-6 所示。

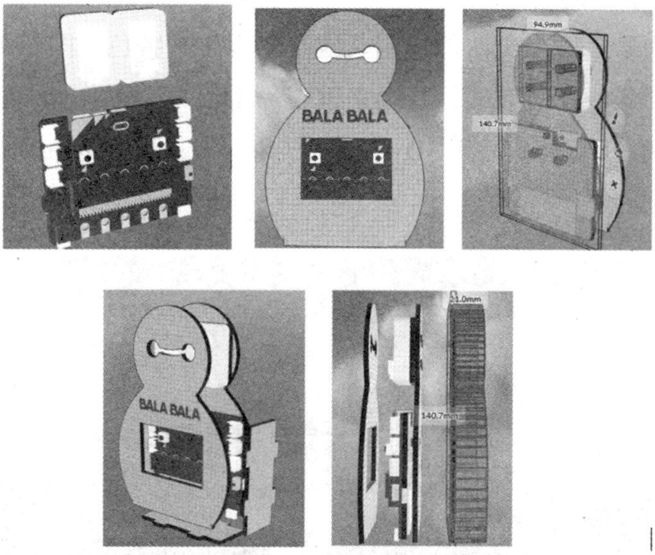

图 6-4-6　空气探测器建模过程

（三）案例点评

激光切割机是创客领域公认的造物神器。以激光切割机为工具，设计并加工各种创意立体拼插模型，是综合实践活动课程中“设计制作”重要的活动选题方向。这类活动的实施过程安全、快速，实施成本低廉，不仅能有效增强学生的创意设计、动手操作、技术应用和物化能力，还融合了数学和编程方面的知识。MakerBrush 软件很好地降低了中小学生设计立体拼插模型的技术门槛，其所见即所得的特征，让教学变得更加生动有趣，值得老师们积极尝试。

案例二　为校园建筑建立 3D 模型 *

（一）案例信息

核心器材（工具）：OpenSCAD、3D 打印机。

案例提供：陈俊廷、潘士杰、谢作如。

适用学段：高中。

（二）案例内容

温州中学是一个美丽的校园，建筑物也很有特色。图 6-4-7 是学校的标志性建筑——行政楼，看起来很有一番气势。为学校的标志性建筑设计一个 3D 模型，然后用 3D 打印机打印出来，肯定是一件很有意义的事情。

图 6-4-7　温州中学行政楼

1. 建模准备阶段

OpenSCAD 是一款开源的 3D 建模软件。该软件的建模和其他 CAD 软件不同，是在脚本文件中描述对象，然后进行编译并呈现 3D 模型。用

* 本案例原载于《中国信息技术教育》，选入时作者有改动。

户可以轻松地更改建模过程中的任何步骤，甚至设计所定义的配置参数。软件的建模操作包括两方面：一方面是利用软件中的基础组件，如方形，圆柱等，配置指定参数软件转换成对应的 3D 模型；另一方面是利用功能语句，进行模型移动、组合、联合、区分、交集、镜像等操作。

俗话说："磨刀不误砍柴工。"使用 OpenSCAD 建模前，需要先进行模型的分析，构思好每一个点的位置，每一个部分的大小。最好先画出行政楼的三视图草图，如图 6-4-8 所示。在正视图中，每一个点都标了相对应的坐标，这有助于后期的计算。真实的建筑物是很复杂的，有些细节只能进行简化处理。

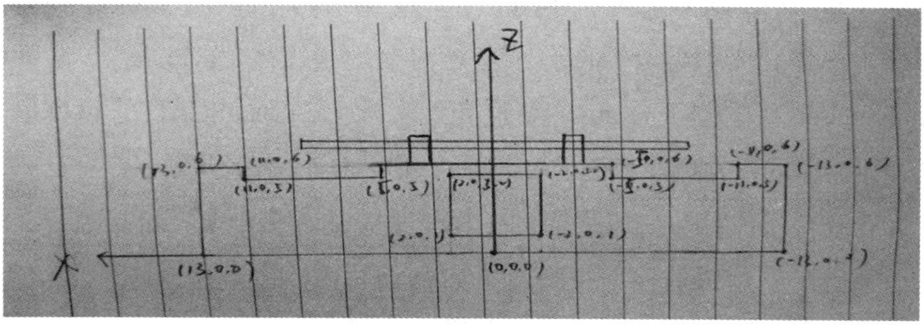

图 6-4-8　行政楼正视图草图

2. 建模过程

根据前期的构思，先选择从行政楼最主体的部分开始建模。行政楼主体可以看成一个长方体，然后去除中部的大门部分。在 OpenSCAD 的建模语言中，这部分首先需要用到的是长方体语句（cube），即设置相应的长宽高作长方体。大门部分采用差集语句（difference），即由第一个多面体去除第一个以外的多面体。相关坐标点定位和移动用的是 translate，即设置相应的向量参数进行模型的移动。

行政楼主体部分的建模语言如下：

```
difference()  // 由第一个多面体，减去除第一个以外的多面体
```

```
{
translate([-15,-15,-2]) // 依照 [-15,-15,-2] 向量进行平移
cube([30,45,2]);  // 以 30，45，2 作为长宽高作长方体
translate([-0.5,2,-0.8])  // 依照 [-0.5,2,-0.8] 向量进行平移
cube([1,30,0.9]);  // 以 1,30,0.9 作为长宽高作长方体
}
```

行政楼主体部分建模结束之后，接下来的工作是在原有的基础上一点一点增加细节。OpenSCAD 中的并集和交集是最常用的语句。并集语句（union），即多个多面体的总和；交集语句（intersection），即得出多个多面体相交的部分。部分细节还需要用到柱体（cylinder）、多面体（polyhedron）、球体（radius）等语句。实际上，OpenSCAD 的建模语言还是挺简单的，大部分和英语单词的意思相对应，容易理解。

行政楼主体部分完成之后的工作就是添加许多细节，包括窗户、水池、树等。当然树的模型进行了一定的简化，用的是两个柱体的组合。程序语言如下，效果如图 6-4-9 所示。

```
union() // 多个多面体的总和（或运算）
{
translate([2.5,2,0])  // 依照 [2.5,2,0] 向量进行平移
cylinder(h=1.5,r1=0.15,r2=0.05,$fs=10); // 以 1.5 作高，0.15，0.05 分别为上下圆半径作圆锥体，$fs 是毫米表示角，表示周长除以数值，单位是毫米
translate([2.5,2,1])  // 依照 [2.5,2,1] 向量进行平移
cylinder(h=1,r1=0.4,r2=0,$fs=10);   // 以 1 作高，0.4，0 分别为上下圆半径作圆锥体
}
```

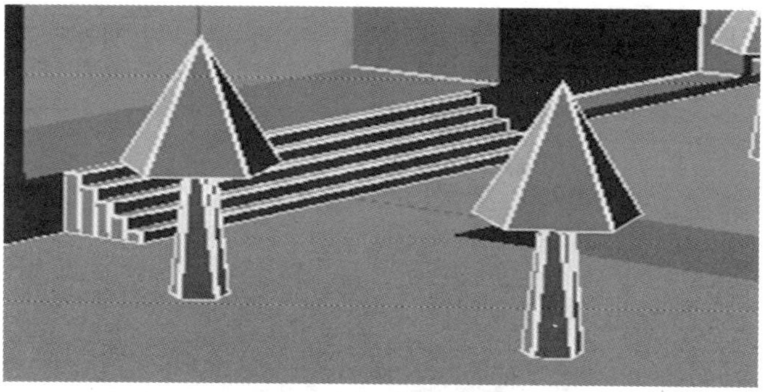

图 6-4-9　树的模型图

3. 难点问题的解决

（1）行政楼顶的曲线

行政楼房顶有较大弧度的曲线，如图 6-4-7 所示。虽然用 CSG 模型也能解决曲线的问题，但涉及的运算却是没有学过的，于是行政楼房顶的曲线弧度用长方体替代。

（2）行政楼中的房间

行政楼中有很多房间，这些是重复性的建模工作。这时 OpenSCAD 的优势就出来了，用循环语句可以很好地解决。但即使不会使用循环语句，复制、粘贴、再修改参数，也能很快完成这类工作，如图 6-4-10 所示。

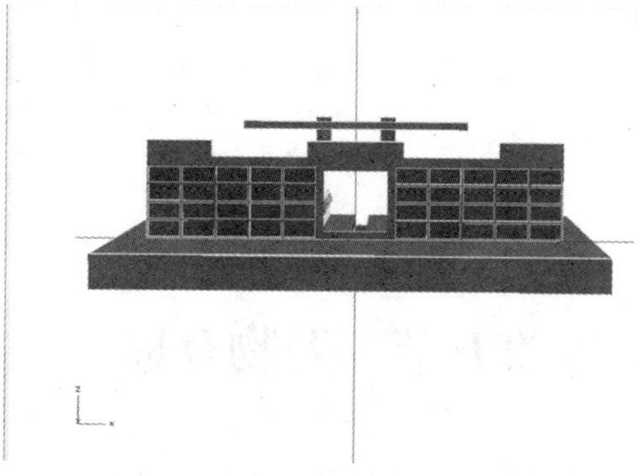

图 6-4-10　行政楼房间复制

4. 效果呈现

最后附上温州中学行政楼模型效果，如图 6-4-11 所示。

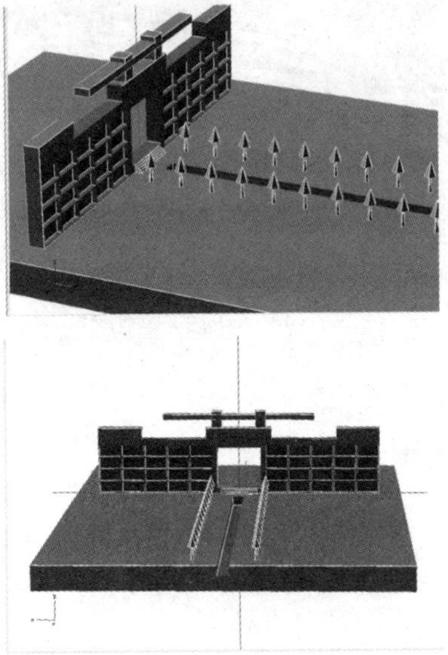

图 6-4-11　温州中学行政楼模型效果

（三）案例点评

给校园建筑物建模，看起来很复杂，但做起来并不是很难。看着模型一点一点地成型，二维的行政楼平面照片变成三维的立体模型，成就感油然而生。在实际操作中，还需要进行实地测量，或者利用比例进行估算，是很有挑战性的工作。在《普通高中数学课程标准》中，“测量学校内、外建筑物的高度”是一个推荐项目，二者可以很好地结合起来。

第五节　万物互联

物联网是新一代信息技术的重要组成部分。创客是一个不断尝试并研究新技术的群体，被誉为物联网技术起源的“特洛伊咖啡壶”作品的设计者，其实就是一群热爱技术的创客。他们为了解决“喝咖啡要等待”的问题，设计了一个直播网站，实现了网络和咖啡壶的“联接”，才有了“万物互联”的今天。

在《指导纲要》的附件中，也提供了一个物联网的案例。物联网主题将前沿的计算机技术与生活中真实的需求相结合，如远程关灯、智能灌溉等。通过常见的开源硬件和电子模块，利用免费的物联网云服务和开源的物联网服务器软件，搭建各种物联网作品，如校内气象站、小鸡孵化箱、校园农场等项目，让学生理解物联网的原理，熟悉常见的传感器编程方法，掌握物联网信息传输的常见方法，培养参与科学研究的兴趣，提升综合素质。结合各地的创客实践来看，小学高年级以上的学生，不需要掌握很高深的编程技术，利用图形化编程工具，就能理解并驾驭物联网技术，并设计出各种有意义的应用。

近几年，物联网成为中小学创客制作的重要支撑技术，各种精彩的创客作品如雨后春笋般不断涌现。本节选择了两个与物联网相关的、解决了真实生活中常见问题的创客作品。其中，“强迫症关门利器”让用户可以远程感知门的状态，开源硬件和物联网灯泡的连接则让网络和真实的家电进行了互联，体现出“万物互联”的价值。

案例一　强迫症关门利器的设计 *

（一）案例信息

核心器材（工具）：micro:bit、Easy IoT、Mind+。

案例提供：谢作如、郑蕾蕾。

适用学段：小学高年级以上。

（二）案例内容

据说 99% 的人都有关门强迫症，每次在踏出家门的 1 分钟后，总有

* 本案例原载于《中国信息技术教育》，选入时作者有改动。

人会纠结门是否关上，有时忍不住折回检查，而十有八九门都是锁好了的。如果能让门变得智能该多好啊。打开手机，点个按钮，就能告诉我们门的当前状态：锁了还是没锁。

现在，强迫症“患者”的救星来了。借助一块 IOT 模块（OBLOQ 模块）以及开源硬件 micro:bit 就能连接上网络，把门的状态上传到特定的服务器，随时可以告诉关门强迫症“患者”：门已经关好了，别担心！这，就是“强迫症关门利器”的设计初衷。

1. 解决思路

为了让门和手机之间可以通信，需要借助物联网技术。所谓物联网，就是物物相连的网络。现在很多开源硬件都能连接互联网，如虚谷号、树莓派、掌控板等。Arduino 和 micro:bit 等大家比较熟悉的开源硬件虽然自身没有连接网络的功能，但是借助 OBLOQ 模块，同样也能够连上互联网，实现“物物相连”。

强迫症关门利器首先是利用 micro:bit 结合传感器来检测门的状态，然后将状态信息输出到物联网服务器，供手机查询。对开门和锁门的状态检测，可以使用红外数字避障传感器，只要安装在合适的位置即可。物联网服务器则采用 DFRobot 的物联网平台，结合 EasyIoT 微信小程序，便能够在移动设备中查看门的状态。

原理如图 6–5–1 所示，用户登录微信，通过微信小程序 EasyIoT 发送“door”的检测消息，已连接上 Wi-Fi 的 IOT 模块接收到检测指令后，发送给 micro:bit，micro:bit 读取红外数字避障传感器的数值，检测到目标返回 1（门为打开状态），未检测到目标返回 0（门为关闭状态）；根据传感器的数值，micro:bit 通过 IOT 模块向待定服务器发送对应的字符串“Go back and close the door”或“The door is closed”，这消息最后会在用户手机中的微信小程序 Easy IoT 中的消息列表中呈现。

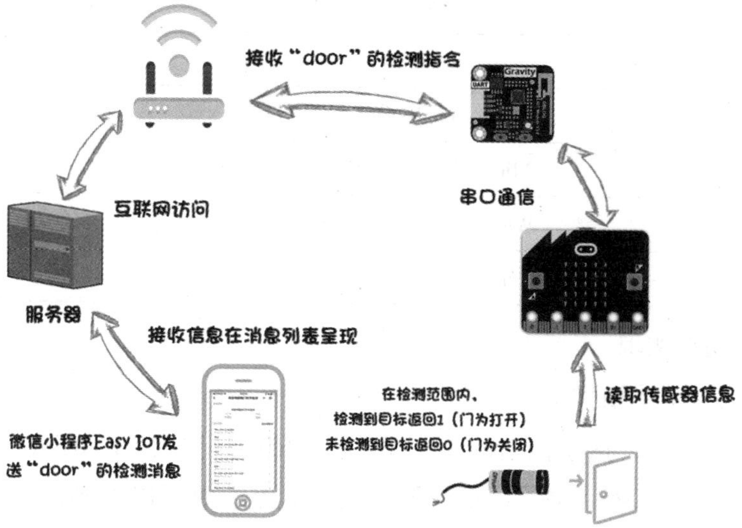

图 6–5–1　强迫症关门利器原理示意图

2. 硬件准备

强迫症关门利器需要 OBLOQ 模块、红外数字避障传感器、micro:bit 和 Micro:Mate 扩展板，核心模块如图 6–5–2 所示。

图 6–5–2　核心模块

表 6–5–1 中列出了"强迫症关门利器"所需的具体器材。

表 6-5-1　器材清单

序号	器材名称	数量
1	micro:bit	1 个
2	micro USB 线	1 根
3	Micro:Mate 扩展板	1 个
4	Wi-Fi 模块 OBLOQ	1 个
5	红外数字避障传感器	1 个

3. 功能实现

（1）物联网配置

打开微信，搜索微信的小程序“EasyIoT”，使用 DF IoT 平台创建设备，配置物联网，如图 6-5-3 所示。在小程序中可以找到用户的 Iot_id 和 Iot_pwd，添加设备后，可以得到设备的 topic 值。

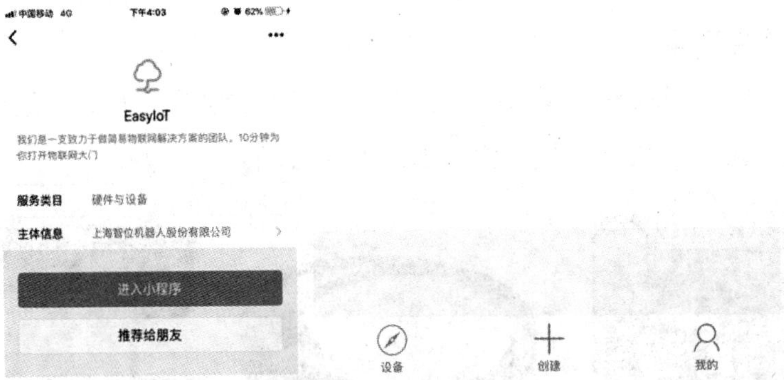

图 6-5-3　EasyIoT

（2）micro:bit 代码编写

打开 MakeCode 编程平台，并将图 6-5-4 所示程序写入 micro:bit 中。“Wi-Fi”部分写的是无线路由器的信息，“物联网服务”部分则填写在小程序中看到的各种信息。“引脚设置”要和 OBLOQ 在 Micro:Mate 上的连接一致。本案例是将绿色导线接在 P1 上，蓝色导线接在 P2 上。

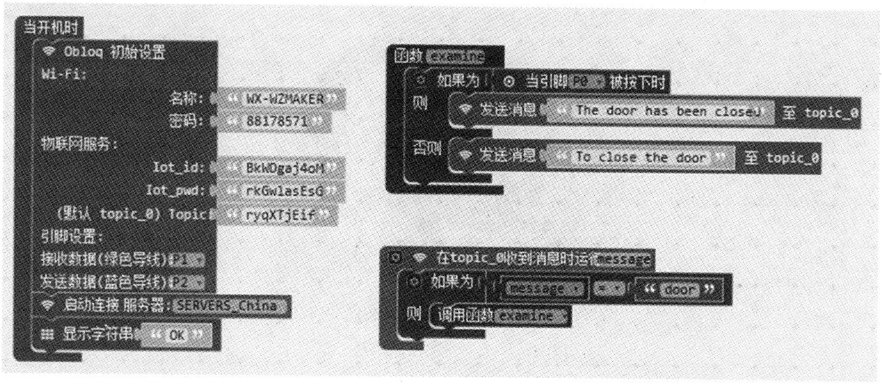

图 6–5–4　代码参考

注意：MakeCode 编程平台需要先导入 Obloq 软件包，才能找到这一编程模块。

4. 功能测试

由于 OBLOQ 模块与红外数字避障传感器在 5 V 电压下才能正常工作，因此需要将扩展板上的开关拨到 5 V。micro:bit 的 LED 阵列上第一次出现“√”，说明联网成功；第二次出现“√”，表示已成功连接 IoT 服务，硬件连接如图 6–5–5 所示。

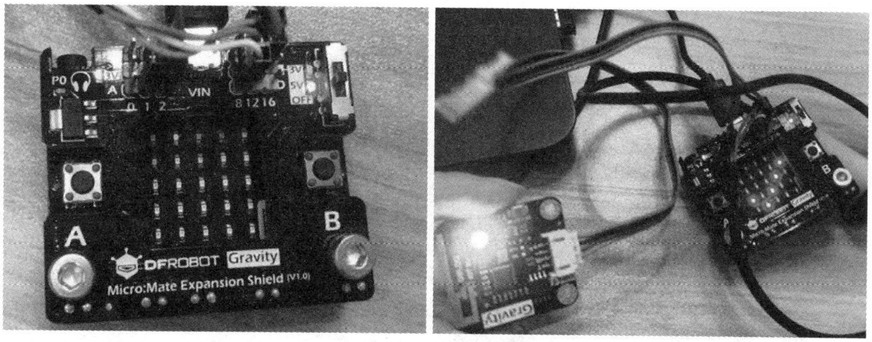

图 6–5–5　硬件连接

根据实际检测环境，即红外数字避障传感器离门的距离，要用一字螺丝刀调节传感器背后的旋钮，具体调节部位如图 6–5–6 所示。

图 6-5-6　调节部位示意

登录微信小程序 EasyIoT 发送 door 消息进行门的开关检测，打开消息列表进行查看，如图 6-5-7 所示。

图 6-5-7　微信小程序查看

当传感器没有监测到目标的时候，micro:bit 发送信息“Go back and close the door”；当传感器监测到目标的时候，micro:bit 发送信息“The door is closed"，完美解决了"强迫症"的难题！本案例作品实物如图6-5-8所示。

图 6-5-8　作品实物

（三）案例点评

强迫症关门利器用物联网技术帮助强迫症用户避免无效折返检查关门的行为。虽然代码简单、作品结构简单、功能也单一，但的确能够有效检测门的当前状态；同时，EasyIoT 小程序中还能看到"门"的历史状态，以及发送的信息列表。

对于开门关门的状态检测，有很多种解决方案，如利用超声波传感器、触碰传感器等。如果借助于电子锁之类的其他装置，还可以实现远程开门和关门。如果加上温度、湿度之类的传感器，就能实现简单的智能家居功能。本作品的成功制作，告诉我们物联网技术并不神秘，小学生都可以驾驭。

案例二　智能家居：实现照明系统的个性化 *

（一）案例信息

核心器材（工具）：物联网灯泡、Python、Jupyter。

案例提供：谢作如、林淼焱。

适用学段：初中以上。

* 本案例原载于《中国信息技术教育》，选入时作者有改动。

（二）案例内容

创客空间应该是一个充满个性的地方，各种奇思妙想都能在这里得到实现。当我校的创客空间全新装修好后，我和学生总觉得还不够个性化，科技感也不强。创客空间里的细节布置肯定要自己来设计并且实现。于是，我们把目光投向了照明系统，即灯光。

要让照明系统体现个性，自然要买支持物联网控制的灯光，如小米、华为和 Yeelight 的智能灯泡。这些灯泡往往具有可调光、支持手机远程控制等特点，也称为智能情景照明灯。但我们不满足于用企业开发的 App 来控制灯光，而是希望能够自己编程对灯泡进行个性化控制，比如定时开灯和关灯，或者结合一些创客空间的传感器实现真正的智能控制。

1. 原理分析

支持手机 App 控制的智能灯泡很多，但是能够让用户自行编程控制的却寥寥无几。研究了市场上常见的开放接口的智能灯泡，总结出自定义编程大致有两种方式：一是智能灯泡的物联网网关支持第三方认证接入，比如天猫精灵；二是智能灯泡同时支持局域网内部的控制，比如 Yeelight，图 6–5–9 所示是 Yeelight 智能灯泡。

图 6–5–9　Yeelight 智能灯泡

默认情况下，Yeelight 智能灯泡与物联网网关建立联系，然后手机 App 通过网关发送控制指令给灯泡，每一个智能灯泡都是一个智能终端。Yeelight 智能灯泡如果开启了“局域网控制”功能，就可以同时响应来自局域网任一智能设备的控制指令了，发送控制指令的设备可以是电脑、手机，也可以是任何一个支持网络功能的 MCU，如掌控板、虚谷号和树莓派等，具体过程如图 6–5–10 所示。

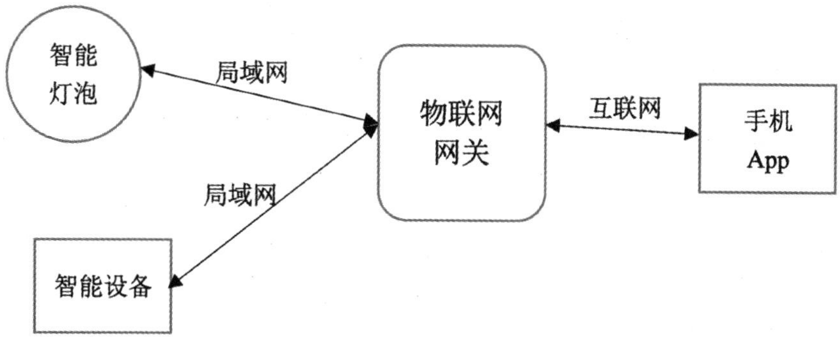

图 6–5–10　智能灯泡的工作流程图

2. 智能灯泡的编程控制实验

虽然任何一种支持网络的编程语言都可以给 Yeelight 智能灯泡设备进行编程，但是考虑到学习难度，本案例选择 Python 语言。因为 Yeelight 官方提供了一个库，在这个库的支持下，编程会更加容易。

（1）准备工作

智能灯泡和电脑或者其他可编程智能设备要处于同一个局域网。本案例使用的智能设备是虚谷号，这是一款面向人工智能教学和 Python 编程学习而开发的开源硬件平台，自带了 Wi-Fi，接上鼠标键盘和显示器，就是一台电脑，也可以像 U 盘一样，插入普通电脑进行编程。

打开智能灯泡的局域网控制功能，具体操作如图 6–5–11 所示。

图 6-5-11　打开智能灯泡的“局域网控制”模式

安装 Python 3 环境，虚谷号已经内置了 Python 3.5，并且已经安装了一些常见的库。

（2）实验过程

步骤 1：安装 yeelight 库。

在命令行中输入 pip install yeelight，通过网络安装 yeelight 库，安装速度很快。

步骤 2：打开 Python IDE 进行编程测试。

①寻找设备的代码，如下所示。

```
from yeelight import discover_bulbs
ledlist=discover_bulbs()
print(" 发现 %d 个 LED 设备 "%len(ledlist))
```

屏幕会打印出这个局域网中找到的智能灯泡设备数量。变量 ledlist 的数据类型为“列表”，用 print(ledlist) 语句打印出来，会看到这一内容：

[{'ip': '192.168.199.184', 'port': 55443,
'capabilities': {'id': '0x0000000007e1d3f8',
'model': 'color', 'fw_ver': '70', 'support':
'get_prop set_default set_power toggle set_bright
start_cf stop_cf set_scene cron_add
cron_get cron_del set_ct_abx set_rgb set_hsv set_adjust
adjust_bright adjust_ct adjust_color set_music
set_name', 'power': 'on', 'bright': '100',
'color_mode': '2', 'ct': '4000', 'rgb': '16711680',
'hue': '359', 'sat': '100', 'name': ''}}, {'ip':
'192.168.199.142', 'port': 55443, 'capabilities':
{'id': '0x0000000007e4a08a', 'model': 'color',
'fw_ver': '70', 'support': 'get_prop set_default
set_power toggle set_bright start_cf stop_cf
set_scene cron_add cron_get cron_del set_ct_abx
set_rgb set_hsv set_adjust adjust_bright adjust_ct
adjust_color set_music set_name', 'power': 'on',
'bright': '100', 'color_mode': '2', 'ct': '4000',
'rgb': '16711680', 'hue': '359', 'sat': '100', 'name': ''}}]

这些信息描述了这个智能灯泡的关键信息，其中 192.168.199.184 和 192.168.199.142 就是智能灯泡的 IP 地址。

②控制智能灯泡的开关状态。

使用Bulb对象指定一个设备的IP地址，用“bulb.turn_on”和“bulb.turn_off”就可以控制灯泡的开关状态。参考代码如下：

```
from yeelight import Bulb
import time
bulb = Bulb("192.168.199.142")# 括号内是智能灯泡的 IP 地址
bulb.turn_on()# 打开
time.sleep(2) # 休眠 2 秒
bulb.turn_off()# 关闭
time.sleep(2) # 休眠 2 秒
```

除了用“bulb.turn_on”和“bulb.turn_off”，yeelight还提供了一个“bulb.toggle”的方法直接让设备切换状态。

③控制一个设备的色彩。

yeelight库支持多方式控制灯光色彩，如RGB、HSV和色温控制等方式。下面的代码实现了RGB方式控制。

```
from yeelight import Bulb
import time
bulb = Bulb("192.168.199.142")
bulb.set_rgb(255, 0, 0) # 设定为红色
```

如果要实现更多功能，可以查看yeelight库的文档介绍。

3. 更多创意示例

一旦实现了局域网控制后，这个智能灯泡就变得更加好玩了，也能支持我们的各种奇思妙想。以下几种创意方案供参考。

创意 1：根据天气预报自动变换色彩的灯泡。

用 Python 代码定时获取当前的天气预报，然后显示不同的灯泡色彩。晴天灯光柔和一点儿，下雨天灯光则亮一些。如果是刮风天气，灯光可以闪烁，如同被大风吹过。

创意 2：设计一个大型的 LED 灯带。

在创客空间前面的走廊，可以安装一行 8 个以上的智能灯泡，这样就形成了一个大型的“LED 灯带”，可以实现彩虹灯、流水灯之类的效果，也可以根据音乐旋律来显示一些闪烁的舞台灯光效果。

创意 3：设计一个大型的 LED 阵列。

如果在创客空间的天花板上装上 25（5 × 5）个智能灯泡，就构成了一个和 micro:bit 的点阵屏差不多的大型“LED 阵列”，用来显示特定的图案或者字母，如笑脸、箭头等。但和 micro:bit 不同的是，这个“LED 阵列”还是全彩的，玩起来更加酷。

学生们还提出了远程开灯、刷脸开灯等创意。因为虚谷号支持各种 Arduino 传感器模块，也支持摄像头，从简单互动到人工智能，太多的创意想法不再一一列举了。

（三）案例点评

盘点这些年中小学创客空间中的各种作品，往往局限于 LED、舵机、直流电机之类的电子模块，很少有人去直接控制家用电器。因为家用电器毕竟使用的是 220 V 的电路，比较危险。有了支持物联网功能的电器后，智能家居成为一个新的创客活动主题。当开源硬件能够控制家电后，学生就会发现，编程并不是虚拟世界中的游戏，而是能真正作用于真实世界的。相信会有越来越多的智能家居产品逐步开放物联网接口，让万物互联更加简单。

第六节 人工智能

毫无疑问，人工智能是当下最热门的信息技术，也是创客们最感兴趣的技术领域之一。从广义的角度看，以机器人为代表的自动化领域，是公众对人工智能的最早印象。因而结合开源硬件让学生体验人工智能，是实施人工智能教育的一种很好的途径。Arduino 性能较弱，无法实现一些人工智能的算法，而树莓派、虚谷号和掌控板的出现，从计算性能和功能扩展的角度，为创客们研究人工智能提供了可能。

人工智能的应用随处可见。技术不断发展，生活中需要用到人工智能技术的地方也越来越多。在创客空间中，要引导学生着眼于校园和家庭，为改善学习和生活，设计真实可用的人工智能作品，帮助更多人了解并应用人工智能。Python 是人工智能的第一语言，又是开源编程语言的代表，和创客的理念一脉相承。同时，高中的信息技术新教材全部采用 Python 作为编程语言，为学生在创客空间研究人工智能打下了基础。

这一节选择了两个与人工智能相关的创客作品。其中，给小恐龙游戏写自动脚本偏向于自动化领域，和学生的生活密切相关；用虚谷号做“吟诗作对”机器人，是借助于开源硬件和人工智能开放平台开发的简单信息系统，是智能家居和智慧校园方向的典型作品。

案例一 用“智能”的方式挑战“小恐龙”游戏 *

（一）案例信息

核心器材（工具）：Python。

---

* 本案例原载于《中国信息技术教育》，选入时作者有改动。

案例提供：谢作如、林淼焱。

适用学段：初中以上。

（二）案例内容

很多人都知道，Chrome 浏览器在出现无网络连接时会提供一个恐龙小游戏，只要按下空格键，这只小恐龙就会活动起来，开始在沙漠中狂奔，然后会有仙人掌、飞鸟等源源不断地迎面而来，玩家需要操控小恐龙跳跃到空中，以躲避这些障碍物。

因为网络控制的缘故，学生在机房会经常看到图 6-6-1 所示的页面，也会经常玩这个游戏。这给了我们一个灵感：为什么不让学生试试用 Python 代码编写一个自动玩游戏的脚本，然后比赛谁写的代码效果好呢？这可是一个有挑战性的任务呢。

图 6-6-1　小恐龙游戏页面

1. 技术分析

能不能用 Python 脚本自动“玩”这个浏览器游戏？答案不言而喻，借助 Python 强大的第三方库，不仅可以对障碍物进行识别，还能模拟键盘输入，让小恐龙跳起来，达到自动玩游戏的效果。

用流程图的形式来描述玩小恐龙游戏的过程，有两个核心的工作流程，即判断前方是否有障碍和按下空格躲避障碍。流程图如图 6–6–2 所示。

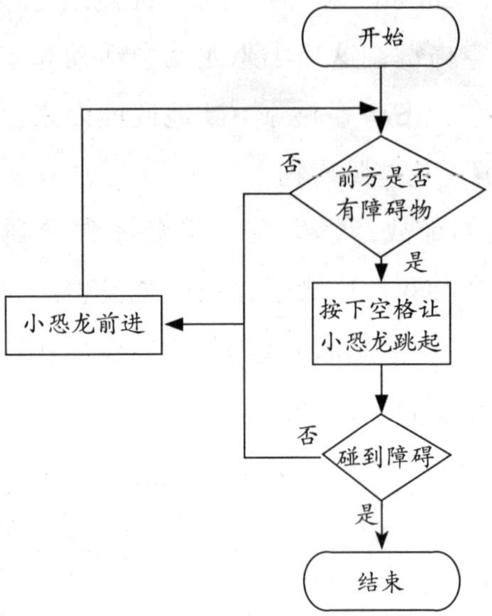

图 6–6–2　小恐龙游戏的工作流程图

分析这个游戏的玩法，要想实现自动玩，需要解决三个问题。

问题 1：如何获得当前的障碍物信息？

问题 2：如何模拟按键让小恐龙跳起来？

问题 3：如何在适当的时间跳起来？

问题 2 是最容易解决的。Python 有很多库可以模拟键盘，比如在 Windows 系统下，常用的是调用 Win32 API 库，非 Windows 系统的电脑可以用 pykeyboard。但是考虑到判断障碍物需要用到截图，而截图方面比较好用的库是 pyautogui，因此选择用 pyautogui 的 typewrite 方法。代码如下：

```
pyautogui.typewrite(message=' ')
```

单引号中的字符就是要模拟的按键，如果是空格，那么就在引号中放一个空格。也可以用“pyautogui.press("space")”的形式，“space”表示空格键。所以，这个工作流程中的核心算法，是问题 1 和问题 3，即判断障碍物信息，并在合适时间跳起来。

2. 核心算法的解决

观察游戏界面可以知道，如果小恐龙“眼前”的区域都是白色，那么说明没有障碍物；当出现了其他颜色，说明障碍物来了，如图 6–6–3 中框选区域所示。要想让计算机自动判断是否有障碍物，可以用定时截图的方式，然后不断“识别”框中区域的颜色，再根据识别结果来确定是否按下空格键。

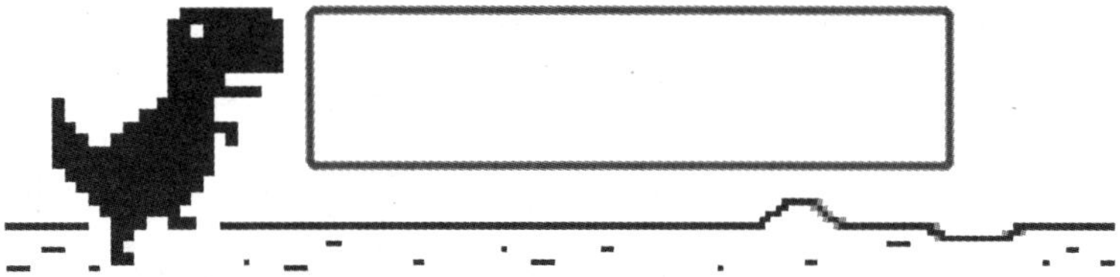

图 6–6–3　判断是否出现障碍物的区域

具体实现方法如下：

（1）截图并且识别障碍物

通过 pyautogui 库完成屏幕截图后，再借助 PIL 库，识别目标区域的颜色。为了加快判断的速度，可以继续裁剪图像，裁去场景中的云朵、地面等干扰物，仅剩下框中的内容。

识别图片的颜色，一般方法可能是读取图片中每个像素点的数据，将其相加并求出平均数，如果这个数字小于 255，说明图片不是纯白色，包含黑色的障碍物。其实还有一种更加简单的方法，即利用 PIL 库中的

getcolors()，统计整张图片中所有像素点的颜色及其数量。

getcolors() 会返回一个列表，例如 [((颜色 1 像素点的数量)，(颜色 1RGB 值))]。图 6-6-4 中的案例结果就代表，图片中共有 68751 个白色像素点、3011 个绿色像素点、1958 个红色像素点、2522 个蓝色像素点。

```
from PIL import Image
import matplotlib.pyplot as plt
img = Image.open("color.png")
print(img.getcolors())
plt.imshow(img)
plt.show()
```

输出结果：[(68751, (255, 255, 255, 255)), (3011, (34, 177, 76, 255)), (1958, (237, 28, 36, 255)), (2522, (63, 72, 204, 255))]

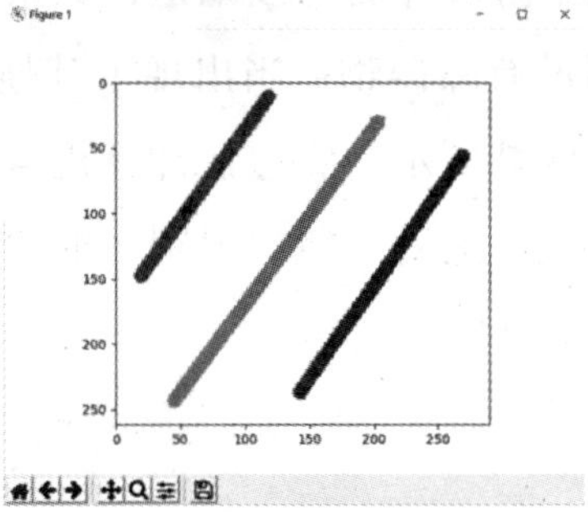

图 6-6-4　getcolors() 使用案例

有了这个方法，判断颜色就非常简单了。用 getcolors() 返回颜色的列表，再用 len() 得到图片中所有颜色的种类数。没有障碍物时，颜色是 1，即只有白色，大于 1 就说明有障碍物了。参考代码如下：

```
import pyautogui
from PIL import Image
img=pyautogui.screenshot()
# 得到图片的宽高
height,width=img.height,img.width
# 裁剪图片 (left, upper, right, lower)，以图片的左上角和右下角作为标准
cropped = img.crop((int(width*0.12),int(height*0.56), int(width*0.3),
```

```
int(height*0.65)))
    colors=cropped.getcolors()
    print(" 颜色的种类为 ",len(colors))
```

输出结果：

```
颜色的种类为 1
```

（2）选择适当的跳跃时机

当小恐龙“眼前”不止一种颜色时，说明障碍物已经接近，需要让小恐龙及时跳跃，进行躲避，代码如下：

```
if len(colors)!=1:
    pyautogui.press("space")
```

一般来说，用这样的语句就能让小恐龙跳过很多障碍物，并且得到很高的分数了。但是，当速度越来越快的时候，是不是还要继续判断列表中的白色数量？因为白色的数量越小，说明障碍物已经完全进入了区域。或者是否要多划分几个区域，然后得到障碍物离小恐龙的位置？这就要不断调试，找到最适合的时机。

3. 代码实现和测试

将上述代码合并在一起，添加循环，使得程序能够不断进行判断，这个能够自动控制小恐龙的“外挂”代码就写好了。参考代码如下，测试效果如图 6-6-5 所示。

```
import pyautogui
from PIL import Image
```

```
while True:
    img=pyautogui.screenshot()
    height,width=img.height,img.width
    box=(int(width*0.12),int(height*0.56), int(width*0.3),
int(height*0.65))
    cropped=img.crop(box)
    colors=cropped.getcolors()
    print(len(colors))
    if len(colors)!=1:
        pyautogui.press("space")
```

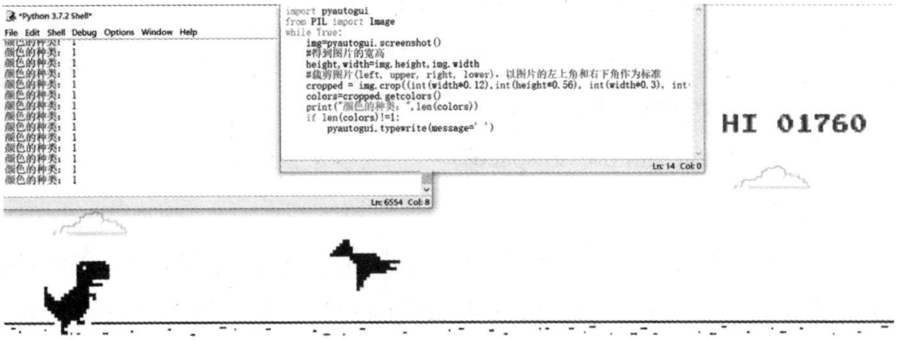

图 6-6-5　测试效果

电脑不同，显示屏的大小也是不一样的，需要根据分辨率微调截图参数，以达到最好的效果。为了更好地确定位置，可以用 PIL 库的 ImageDraw 模块来画出区域，代码如下：

```
draw = ImageDraw.Draw(img)
box=(int(width*0.12),int(height*0.56), int(width*0.3),
int(height*0.65))
draw.rectangle(box, fill=None, outline='red',width=5)
```

```
img.show()
```

经过测试，这段简单的代码居然可以拿到高于 1000 的分数。这是玩家平时根本没办法达到的分数啊！当我们看到小恐龙在屏幕上不断自动跳跃，一种特别的满足感会油然而生。

（三）案例点评

“自动控制游戏”是一个有趣的案例，既源于生活又具有不断优化的特点，寓教于乐，很适合作为教学的拓展案例，让学生在探索过程中提高编程能力。此外，这种“自动化”的思想，能够引发学生对人工智能的学习兴趣，值得在教学中推广。

从这个案例的形式上看，其实仅仅写了一段代码，看起来并不像一个创客作品。但是按照这样的思路，可以让学生用摄像头拍摄屏幕，或者用贴在屏幕上的光敏电阻来感知是否有障碍物，达到更好的“游戏”效果。当年“跳一跳”游戏刚刚出来的时候，很多创客设计了各种各样的游戏物理“外挂”（指辅助工具），其实都是很好的创客范例。

案例二　用虚谷号做一个“吟诗作对”机器人 *

（一）案例信息

核心器材（工具）：虚谷号、Python、百度 AI 开放平台。

案例提供：谢作如、舒春平。

适用学段：初中以上。

（二）案例内容

聊天机器人是人工智能的一个重要应用模式。Windows 10 中的小娜和百度的小度，还有小爱音箱和天猫精灵等，都是大家很熟悉的聊天机器人。这些机器人不仅可以聊天，还能帮用户做很多事情，比如查天气预报、设置闹钟，甚至还可以在线购物。

* 本案例原载于《中国信息技术教育》，选入时作者有改动。

看多了功能强大、近乎全能的商业聊天机器人，难免有些审美疲劳。如果设计一款仅仅针对某个专业领域的聊天机器人，反而能吸引特定用户的眼球。想到《中国诗词大会》很红，我们就萌发了一个有趣的想法——做一个可以“吟诗作对”的机器人。用户读上一句，机器人对出下一句，是不是很酷？或许可以激发学生学习古诗词来考考机器人的兴趣呢。

1. 技术分析

从信息系统的角度看，聊天机器人的“听”和“说”仅仅是信息的输入和输出，核心功能在于聊天的内容，如何体现“智能”。但是对这款机器人而言，难点反而不是聊天内容的处理，而是如何识别语音和发出人声，即语音识别和语音合成。因为“吟诗作对”的定位，已经确定了这个机器人不需要回答各种稀奇古怪的问题，关注的仅仅是古典诗词方面的一问一答，问题和答案都是固定的，只要提供足够大的诗词库即可。

本案例选择虚谷号作为聊天机器人的核心硬件。虽然根据虚谷号的当前算力，在本地处理语音还有些“吃力”，但是借助于 AI 开放平台，只要连上网络就能识别语音和合成语音。这个“吟诗作对”机器人的系统流程如图 6-6-6 所示，虚谷号仅仅作为一个采集语音和播放语音的智能终端，语音处理工作全部在云端完成。这种做法和现有的聊天机器人在工作原理上基本上是一致的，比如离开网络，天猫精灵也好，小爱音箱也好，都没办法和我们对话了。

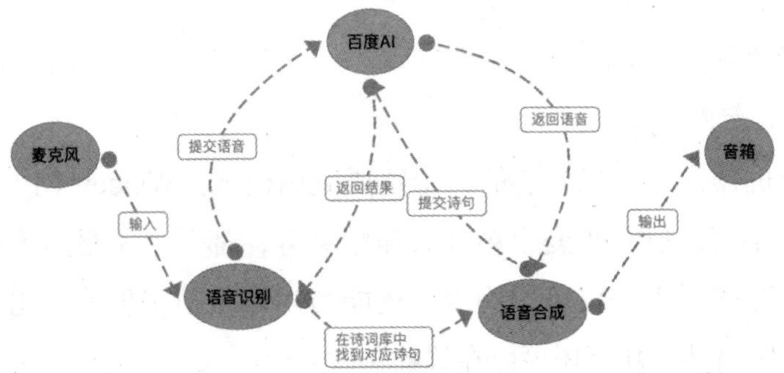

图 6-6-6 “吟诗作对”机器人的系统流程图

2. 硬件搭建和编程实现

（1）硬件搭建

如果不考虑设计一个人形的结构，这个聊天机器人的组成一点儿都不复杂。核心模块清单有：虚谷号 ×1、USB 声卡 ×1、麦克风 ×1、小音箱 ×1。

虚谷号支持绝大多数免驱的 USB 声卡，也可以选择自带声卡的小音箱。本案例选择用“按下按钮”的方式来和机器人交互。类似唤醒 Siri 的方式，要按下手机的电源键。因而，还需要一块 Arduino 扩展板和普通按钮传感器，这在创客空间里面是很常见的。

（2）代码编写

给虚谷号编程的最好方式是通过 Wi-Fi，即无线模式。虚谷号内置了 Jupyter，通过 U 盘方式正确设置 Wi-Fi 信息后，就会自动生成快捷方式，打开浏览器即可编程。

核心代码如表 6–6–1 所示。

表 6–1–1　核心代码

代码	功能
import pyaudio import wave import os from aip import AipSpeech	导入基础库
APP_ID = “*****” API_KEY = “*****” SECRET_KEY = “*****” CHUNK = 1024 FORMAT = pyaudio.paInt16 CHANNELS = 1 RATE = 16000 RECORD_SECONDS = 3 client = AipSpeech(APP_ID, API_KEY, SECRET_KEY)	设置百度 AI 的账号信息和一些基本参数

续表

代码	功能
def rec(file_name): …	核心函数 rec：录音
def audio_to_text(wav_file): …	核心函数 audio_to_text：将文字转换为文字
def tts(txt): …	核心函数 tts：将文字转换为语音

有了前面的基本库和函数后，下面的 Python 代码编写其实就很简单了。首先是添加诗词库。限于篇幅，我们用一个列表“shici”来存储诗句。

```
shici = ['床前明月光','疑是地上霜','举头望明月','低头思故乡']
shici.extend(['大漠沙如雪','燕山月似钩','何当金络脑','快走踏清秋'])
shici.extend( ['小时不识月','呼作白玉盘','又疑瑶台镜','飞在青云端'] )
```

接下来是主体程序。在这段代码中，按钮传感器接在 D4 口，按下后虚谷号开始说提示语：“请开始背诵古诗。”当用户背“床前明月光”时，虚谷号如果能够正确识别，将对出下一句“疑是地上霜”。即用户读前一句（奇数句），机器对出下一句（偶数句）。

```
from xugu import Pin
import time # 导入时间模块
p = Pin(4, Pin.IN)
```

```
while True:
  value=p.read_digital() # 读取 4 号引脚电平信息 , 赋值给 value
  if (value==1):
    tts(" 请开始背诵古诗。")
    ret_s = audio_to_text(rec("input.wav"))
    for i in range(len(shici)//2):
      if shici[i*2] in ret_s:
        back=shici[i*2+1]
        break
      else:
        back=" 在下才疏学浅，甘拜下风。"
    tts(back)
  time.sleep(0.1) # 等待 0.1 秒
```

3. 功能测试

在公开课上，我们演示了这一机器人的基本功能，如图 6–6–7 所示，的确很好地激发了学生的学习兴趣。他们尝试修改 Python 代码，以实现更多的功能。只要网络足够快，对话过程非常流畅，几乎没有“延时”的感觉。

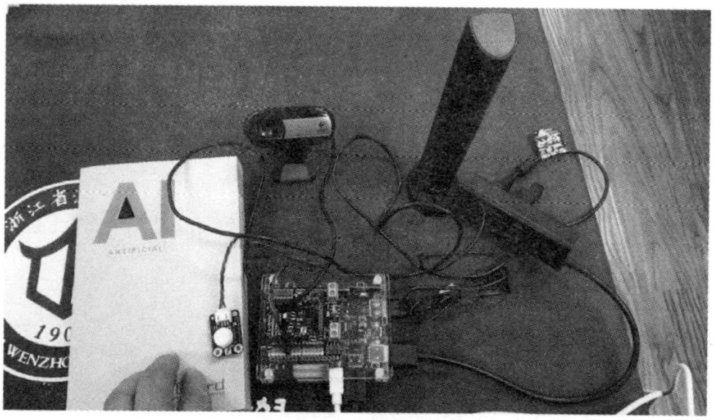

图 6–6–7　系统测试

在课堂上，学生们提出了一些新的想法。如设计成“飞花令”机器人，让诗词对话更加好玩；设计成迎宾机器人，向来宾介绍学校的校训和历史；设计成“识字”机器人，学生将不认识的字放在摄像头下，虚谷号便会告诉他们这个字的读音和意思。

（三）案例点评

随着一些知名的 AI 框架不断开源，人工智能的技术门槛也在不断下降。在虚谷号上不仅可以调用网络 API 的形式，利用云端服务器来处理信息，还可以安装 TensorFlow、Keras 之类的机器学习框架，实现机器学习和神经网络方面的应用。本案例涉及的代码已经以“.ipynb”文件的形式，放在虚谷号的最新版固件中，采用 CC 协议开源，期望有更多的创客爱好者能在这段代码的基础上，设计出更多有趣的 AI 应用。

后　记

创客和教育的相遇，如果从 2013 年的 STEAM 教育创新论坛开始计算，到现在刚好七年。那么，二者的“牵手”，会陷入七年之痒的危险，还是可以终身相守？梁森山主编的《中国创客教育蓝皮书（基础教育版）》出版时邀请我写序，我在序中表达了自己的担忧：

> **创客教育能够坚持多久？会不会像其他教育热词一样很快就消亡？**

是的，这些年消失的教育热词太多，多得让人麻木。更可怕的是，一个教育名词如果用久了，还会引来“鄙视”，被等同于守旧。与一些正在旁观或者已经开始从事创客教育的校长、教师和企业家的交流中，我发现这种担忧非常普遍。当创客教育进入快速发展期时，作为国内创客教育的发起人之一，我常常和梁森山、吴俊杰和管雪沨等人讨论一个让人深感力不从心的话题：

> **如何让创客教育在中小学真正落地，真正普及？**

落地和普及的基础，就是要得到“课时”，即能够出现在中小学生的日常课表中。那么这个话题又会细化为几个具体的问题：

创客教育是学校的特色教育还是基础教育的一部分？是有条件的学校实施，还是每一个学校都应该实施？如果是基础教育的一部分，那么属于什么领域？师资如何解决？

作为一个曾经在农村小学、乡镇初中和都有多年工作经验的一线教师，我知道：如果创客教育定位在特色教育，那么只能是某些名校用来炫耀的“优质教育”。这不是我们的初心！因为地域文化的差异，欧美国家往往家家有“车库”，而我们学校如果不给孩子们提供创客空间，他们可能很难有机会真正动手造物。当前的教育存在种种问题，需要改变。

2016年的6月，我接到了教育部基教二司柳夕浪老师的电话，他邀请我参加基教二司举办的中小学综合实践活动课程的小型研讨会。我认真研究了综合实践活动课程的实施现状，提出“在创客空间，做综合实践活动”的建议，认为创客教育的“开源”能够解决综合实践活动缺少课程资源的困境。此建议得到了时任基教二司副司长申继亮老师的认同。在会议期间，张华老师热情地邀请我加入中小学综合实践活动课程指导纲要研制项目组，共同研制指导纲要。

是柳老师和张老师为我打开了一扇大门，也为创客教育打开了一扇大门！《中小学综合实践活动课程指导纲要》（以下简称《指导纲要》）中的“设计制作”和“创意物化”，给创客教育留下了很大的实施空间。同时，在《指导纲要》的附件中，我和人教社的林众老师、北京景山学校的吴俊杰老师一起，加入了多个典型的创客活动，涉及3D打印、编程、开源硬件、物联网等，如“三维趣味设计”“简易互动媒体作品设计”“用计算机做科学实验”等。

2018年底，我接到张华老师的邀请，说河北教育出版社要策划一个关于综合实践活动课程的专著系列，其中“设计制作”方向由我和钱旭鸯老师一起合作来写。因为钱老师考虑到这方面的内容比较多，将其拆开为偏向理论和实践两本来写，我负责实践部分。那段时间我已经开始带学校的高考班，加上“虚谷计划”也刚刚起步，精力上明显不够。于是邀请了我的两位研究生刘正云和张敬云来帮忙。她们是南京师范大学教育技术方向的硕士，都曾经来温州中学实习，做过一段时间的创客空间指导师，见证了国内创客教育快速发展的历程，一直是我的好帮手。

由于学术水平有限，本书的编写过程颇为艰难。在写作过程中，还几度易稿。所幸的是这些年积累较多，最终的定稿还是得到成尚荣、柳夕浪、张华三位总主编的认可，以及一些从事创客教育的朋友的好评。毕竟这是国内第一本立足“创意物化”的角度，介绍创客教育如何实施，并且将重点落在创客课程开发方面的专著。无论是已经在从事创客教育的老师，还是正准备加入创客教育队伍的“新手”，本书都有一定的参考价值。

创客教育到底会不会消亡？我还是很乐观的，至少一开始做创客教育的教育者或者创客，都是因为梦想和爱而来，他们“要么是因为爱教育，希望当前的教育更加完美些，变得多元，而不是总是考试；要么是爱孩子，希望给孩子们更多的快乐；要么是爱技术，希望有更多的孩子同样爱上技术”。多年后回头盘点，这些人大部分还都坚持在创客教育的一线岗位。

不忘初心，方得始终。记得在2015年，我受邀参加了一个有一千多听众的教育创新年会，选择以《对话十年后的创客教育》作为主题做了一次演讲。在演讲最后，我用几行诗来收尾，而那几行诗也可以用在这里：

十　年

不管你变成什么样子

我们都会在坚持

我们始终努力

柔软地改变教育

谢作如

2020年10月